ERSTE HILFE *für* VÖGEL

ERSTE HILFE *für* VÖGEL

Der schnelle und nützliche Ratgeber

TIM HAWCROFT

KÖNEMANN

Copyright © 1994 by Tim Hawcroft
Design copyright © 1994 by Lansdowne Publishing Pty Ltd

All rights reserved. No part of this publication may be reproduced or transmitted in any form or by any means, electronic or mechanical, including photocopying, recording, or by any information storage and retrieval system, without permission in writing from the Publisher.

Original title: First Aid for Birds

© 1997 für die deutsche Ausgabe
Könemann Verlagsgesellschaft mbH
Bonner Str. 126, D-50968 Köln

Übersetzung, Redaktion und Satz der deutschen Ausgabe:
GAIA Text, München

Herstellungsleiter: Detlev Schaper

Druck und Bindung:
Sing Cheong Printing Co., Ltd.

Printed in Hong Kong

ISBN 3-89508-539-1

INHALT

EINLEITUNG 7

DAS ERSTE-HILFE-KONZEPT 8

ÜBER DIESES BUCH 9

ERSTE-HILFE-AUSRÜSTUNG 12

ERSTE-HILFE-PRIORITÄTEN 13

UNFALLVERHÜTUNG UND KRANKHEITSVORSORGE 16

DER VERLETZTE ODER KRANKE VOGEL 21

WANN IST DER TIERARZT ZU KONSULTIEREN? 32

GRUNDLEGENDE ERSTE-HILFE-TECHNIKEN 36

ERSTE HILFE BEI VERLETZUNGEN UND ERKRANKUNGEN 48

REGISTER 92

EINLEITUNG

Am farbenprächtigen Gefieder vieler Vögel, ihrem Gesang und ihrer Munterkeit erfreuen sich Menschen auf der ganzen Welt. Ihr Dasein ist außerdem für den Erhalt des ökologischen Gleichgewichts auf unserem Planeten von Wichtigkeit.

Heutzutage ist das Interesse am Schutz, der Erhaltung und der ökologischen Bedeutung von Vögeln so groß wie nie zuvor: Die Anzahl der Vogelschutzorganisationen hat zugenommen; die immer zahlreicher werdenden Vogelclubs verzeichnen steigende Mitgliederzahlen, und mehr und mehr Menschen halten Vögel, um mit ihnen zu züchten oder sich einfach nur an ihnen zu erfreuen.

Dieses Buch wendet sich an alle Vogelbesitzer und -liebhaber, die wissen möchten, wie sie einem verletzten oder kranken Vogel helfen können, oder die ihre bereits vorhandenen Erste-Hilfe-Kenntnisse erweitern wollen. Das durch dieses Buch vermittelte Wissen und Ihre eigene Erfahrung werden Ihnen helfen, einem verletzten oder kranken Vogel kompetent und gekonnt Erste Hilfe zu leisten.

Die häufigsten Ursachen für Verletzungen und Krankheiten bei Vögeln sind Stürme, Angriffe von anderen Vögeln oder Tieren, Pestizidvergiftungen, Käfig- oder Volierenunfälle, rücksichtslose Aggression (wie zum Beispiel bei der Jagd auf Enten) sowie die Vernachlässigung und Sorglosigkeit bei der Haltung von Käfigvögeln. Die dadurch entstehenden Gesundheitsschäden reichen von Knochenbrüchen über blutende Wunden bis hin zum Koma.

In den meisten Fällen ist Erste Hilfe erforderlich, selbst wenn sie nur darin besteht, den Vogel in eine ruhige Umgebung zu bringen. Wenn Zweifel über den Zustand des Vogels oder die richtige Behandlung seines Problems bestehen, muß der Tierarzt eingeschaltet werden. Dieser wird diagnostische Möglichkeiten nutzen, um eine adäquate Behandlung in die Wege zu leiten und weitere allgemeine Hinweise geben.

Einem Vogel das Leben zu retten, ihn wieder gesund zu machen, seinen Zustand zu stabilisieren oder auch nur einem kranken Vogel gut zuzusprechen ist eine schöne und lohnenswerte Erfahrung.

DAS ERSTE-HILFE-KONZEPT

Die wenigsten Menschen wissen, wie sie einem verletzten oder kranken Vogel helfen sollen. Oft wissen sie nicht, wie man mit Vögeln umgeht oder haben keine Erfahrung mit Erster Hilfe. Dabei ist Erste Hilfe für Vögel nichts Neues. Sie wird schon seit Generationen praktiziert. Bisher wurden die Erste-Hilfe-Maßnahmen fast nur mündlich weitergegeben, doch in letzter Zeit haben Medien, Autoren, Tierärzte und Vogelclubs viel zur Verbreitung dieses Wissens beigetragen. Das Wichtigste ist, »Erste Hilfe« wörtlich zu nehmen; es handelt sich dabei wirklich nur um die Erstversorgung von kranken oder verletzten Vögeln.

Harmlosere Probleme wie Unterkühlung oder oberflächliche Wunden bedürfen vielleicht nur einer einzigen Behandlung oder eventuell weniger Nachbehandlungen, die Sie bei sich zu Hause durchführen können.

Bei schweren und lebensbedrohlichen Verletzungen oder Krankheiten wie zum Beispiel Knochenbrüchen, Schockzuständen oder Vergiftungen ist nicht nur die Erste Hilfe notwendig, sondern zusätzlich auch die sofortige Behandlung durch einen Tierarzt.

Wenn ein Vogel zu Hause oder auf der Straße verletzt wird, ist gewöhnlich kein Tierarzt anwesend. Welche Art von Erster Hilfe der Vogel bekommt, hängt also vom Wissen, dem Geschick, der Initiative und dem Selbstvertrauen des Besitzers oder des zufällig Anwesenden sowie von der Art der Verletzung oder Erkrankung des Vogels ab. Erste Hilfe kann in einfachen Maßnahmen bestehen, z. B. den Vogel zu beruhigen; das Ausmaß der Verletzungen abzuschätzen; ihn vielleicht aus der Gefahrenzone zu bringen und ihm die Hilfe zukommen zu lassen, die im Moment am nötigsten ist.

Vergessen Sie nie: Bei der Ersten Hilfe handelt es sich nur um die Erstversorgung, und was immer Sie für den Vogel tun können, ist besser, als nichts zu tun.

ÜBER DIESES BUCH

Machen Sie sich mit dem Aufbau des Buches, den verschiedenen Abschnitten und ihrem Inhalt vertraut, denn dann können Sie auch in Notfallsituationen rasch und gelassen nachlesen, was zu tun ist.

Zum leichteren Nachschlagen haben wir die verschiedenen Techniken, Krankheiten und Verletzungen auf den Seiten 48 und 49 alphabetisch geordnet. Das umfangreiche Register am Ende des Buches führt Sie schnell zu der gewünschten Information.

Welche Information Sie brauchen, hängt natürlich von der jeweiligen Situation und Ihren Kenntnissen ab. Wenn Sie nicht sicher sind, wie Sie vorgehen sollen, empfehlen wir, die folgenden Abschnitte in dieser Reihenfolge zu lesen:

1. Erste-Hilfe-Prioritäten (siehe S. 13)
2. Der verletzte oder kranke Vogel (siehe S. 21)
3. Wann ist der Tierarzt zu konsultieren? (siehe S. 32)
4. Erste Hilfe bei Verletzungen und Erkrankungen (siehe S. 48)

Diese Abschnitte liefern praktische Tips und Hintergrundinformationen, die es Ihnen ermöglichen, über das weitere Vorgehen zu entscheiden.

Auch wenn dieses Buch Ihnen im Notfall eine große Hilfe sein wird, ist es doch besser, auf alles vorbereitet zu sein. Der Abschnitt über die Erste-Hilfe-Ausrüstung soll Sie dazu anregen, sich selbst eine solche zusammenzustellen. Der Abschnitt über die Unfallverhütung erfüllt einen ähnlichen Zweck, denn Sie wissen sicher: Vorbeugen ist besser als Heilen.

Um schwierige Behandlungsmethoden sicher ausführen zu können, bedarf es der Übung. In den Abschnitten »Der verletzte oder kranke Vogel« und »Grundlegende Erste-Hilfe-Techniken« sind Abläufe beschrieben, die Sie erlernen sollten. Je mehr Sie üben, desto sicherer und geschickter werden Sie sein, wenn Sie Ihre Kenntnisse einmal im Ernstfall unter Beweis stellen müssen.

<u>WICHTIG</u>
Halten Sie die Telefonnummer Ihres Tierarztes immer griffbereit.

ERSTE-HILFE-AUSRÜSTUNG

- Bewahren Sie die Erste-Hilfe-Ausrüstung in einem geeigneten, leicht zugänglichen, tragbaren und deutlich beschrifteten Behälter auf.

- Alle Gegenstände nach Gebrauch säubern oder ersetzen.

- Die Ausrüstung alle sechs Monate auf Funktionstüchtigkeit überprüfen; zum Beispiel testen, ob die Batterien der Taschenlampe noch funktionieren.

- Zur Ausrüstung gehören folgende Dinge:
  - antibiotikahaltiger Puder
  - Bandagen, selbsthaftend
  - Desinfektionsmittel
  - Eisenchlorid
  - Fieberthermometer
  - Gazebandagen (2,5 cm breit)
  - Gazetupfer
  - Jodtinktur (antibakterielle und antimykotische Lösung)
  - Klebeband (2,5 cm breit)
  - Mercurochrom (antiseptische Lösung)
  - Paraffinöl
  - Pinzette
  - Pipette
  - Schere (scharf, spitz, 10 cm lang)
  - Spritze (Plastik, 10 ml)
  - Taschenlampe
  - Verbandwatte
  - Wasserstoffperoxydlösung (1 %)
  - Wattestäbchen

Vorherige Seiten: Der Gitterabstand muß so eng sein, daß der Kopf des Vogels nicht hindurchpaßt, denn andernfalls könnte er in Panik geraten und sich schwer verletzen.

ERSTE-HILFE-PRIORITÄTEN

- Ruhig bleiben und systematisch vorgehen.
- Abschätzen, ob die Erkrankung lebensbedrohend ist.

1. Lebensbedrohliche Verletzungen oder Krankheiten
- Lebensbedrohende Krankheiten oder Verletzungen müssen sofort behandelt werden. Mögliche Symptome hierfür sind:
  ➤ Starke Blutungen oder Blutverlust durch offene Wunden.
  ➤ Kreislaufzusammenbruch.
- In solchen Fällen muß unverzüglich Erste Hilfe geleistet, aber auch so schnell wie möglich der Tierarzt verständigt werden.

2. Verletzungen oder Krankheiten, die nicht lebensgefährlich sind, aber mit starken Schmerzen einhergehen.
- Als nächstes müssen Verletzungen behandelt werden, die zwar schmerzhaft, aber nicht lebensgefährlich sind, z. B.:
  ➤ Knochenbrüche.
  ➤ Durchfall.
  ➤ Erbrechen.
- Ziel der Behandlung ist es, eine Verschlimmerung des Zustands zu verhindern und den Vogel auf den Transport zum Tierarzt vorzubereiten.

3. Geringfügige Verletzungen oder Krankheiten
- Verletzungen wie leichte Abschürfungen oder kleine Schnittwunden werden als letztes versorgt.
- Wer es sich zutraut, kann den Vogel zu Hause selbst behandeln.
- Wenn sich der Zustand nicht bessert oder sogar verschlimmert, muß der Vogel zum Tierarzt gebracht werden.

Vorsicht
- Verletzungen, Krankheiten und das ungewohnte Angefaßtwerden können den Vogel in einen Schockzustand versetzen. Wenn dieser Vogel behandelt und/oder angefaßt wird, kann es zum tödlichen Kreislaufversagen kommen.

ERSTE-HILFE-PRIORITÄTEN

Gegenüber: Eine gut durchdachte und konstruierte Voliere trägt zur Verhütung von Unfällen und Krankheiten bei.

Unten: Eine glatte Sitzstange kann zu Verletzungen führen. Ein Ast von einem Baum ist die ideale Lösung.

- Bei lebensbedrohenden Verletzungen oder Erkrankungen ist es wichtig, nicht nur das eigentliche Problem zu behandeln, sondern auch den Schock (siehe S. 86).
- Die Behandlung geringfügiger Probleme (die das Leben des Vogels nicht akut bedrohen) sollte zwei bis drei Stunden aufgeschoben werden, wenn sich der Vogel in einem Schockzustand befindet. Behandeln Sie zunächst nur den Schock. So kann sich der Vogel erholen, bevor die primäre Verletzung oder Erkrankung behandelt wird.

ERSTE-HILFE-PRIORITÄTEN

UNFALLVERHÜTUNG UND KRANKHEITSVORSORGE

- Nie einen zahmen Vogel frei im Auto fliegen lassen. Der Vogel könnte in Panik geraten, dem Fahrer ins Gesicht fliegen und so eine gefährliche Situation heraufbeschwören.

- Langsam an einen auf der Straße sitzenden Vogel oder Vogelschwarm heranfahren. Immer damit rechnen, daß die Vögel es nicht schaffen, rechtzeitig aufzufliegen.

- Keine frei zugänglichen Elektrokabel in der Wohnung liegen lassen. Ein zahmer Vogel mit kräftigem Schnabel, der sich frei im Raum bewegen darf, könnte die Isolierung durchbeißen und einen Stromschlag erleiden.

- Beim Versprühen von Insektiziden oder anderen Haushaltssprays sowohl im Haus als auch im Freien darauf achten, daß kein Spray in Vogelkäfig oder Voliere gelangt.

- Eine gut durchdachte und konstruierte Voliere oder ein ebensolcher Vogelkäfig spielen bei der Verhütung von Unfällen und Krankheiten eine entscheidende Rolle.
  ➤ Ein doppelter Maschendraht im Abstand von etwa 10 cm schützt die Vögel in einer Voliere vor den Angriffen von Raubtieren wie etwa Katzen oder Wildvögeln, die tiefe Wunden und Schockzustände verursachen oder sogar tödlich enden können.
  ➤ Achten Sie darauf, daß die Gitterstäbe der Käfige nicht verzinkt sind. Zinklegierungen können bei Vögeln zu Vergiftungen führen.
  ➤ Die Maschengröße oder der Gitterabstand müssen so gewählt werden, daß kein Vogel seinen Kopf hindurchstecken kann. In seiner Panik würde er sich bei dem Versuch, sich wieder zu befreien, schwer verletzen.

UNFALLVERHÜTUNG UND KRANKHEITSVORSORGE

➤ Vögel fliegen waagerecht oder im Aufwärts- oder Abwärtsbogen. Aus diesem Grund ist die Länge des Käfigs wichtiger als seine Höhe. Vögel, die nicht genug Platz zum Fliegen haben, selbst wenn es nur kurze Strecken sind, verkümmern und leiden an Langeweile und Streß.

➤ Um die Säuberung zu vereinfachen, sollten Vogelkäfige einen herausziehbaren Boden und Volieren einen schräg abfallenden Betonboden haben. Beide müssen regelmäßig gesäubert werden, damit sich keine Feuchtigkeit bildet und sich in der Mischung aus Kot, verstreuten Körnern, leeren Hülsen und anderen Futterresten keine Parasiten oder Krankheitserreger ansiedeln. Wird Schmutz nicht entfernt, drohen Gesundheitsprobleme wie Durchfall, Gewichtsabnahme und Federverlust.

➤ Vögel brauchen Sonnenlicht für die Produktion von Vitamin D. Volieren müssen so konstruiert werden, daß die Vögel Sonne bekommen, zugleich aber die Möglichkeit haben, sich in den Schatten zurückzuziehen und sich vor Regen und Wind zu schützen. In kalten Gegenden müssen Volieren isoliert werden, weil die Vögel sich sonst zu leicht unterkühlen und sich Atemwegserkrankungen zuziehen könnten. Dieselben Prinzipien gelten für das Aufstellen von Käfigen am offenen oder geschlossenen Fenster.

- Auch die Einrichtung von Käfigen und Volieren muß gut durchdacht werden. Alle Vögel brauchen Sitzstangen, Gefäße für Futter und Wasser und eine Möglichkeit, sich vor extremen Temperaturen zu schützen.
  ➤ Sitzstangen müssen regelmäßig gesäubert werden, damit sich keine Parasiten oder Krankheitserreger einnisten.
  ➤ Eine zu glatte Sitzstange bietet dem Vogel keinen Halt. Manche Vogelhalter versuchen, dieses Problem durch eine Ummantelung mit feinem Sandpapier zu lösen, doch diese kann Verhornungen der Zehen verursachen. Die beste Sitzstange ist ein Ast von einem Baum, der dem möglichst ähnlich sein soll, den der Vogel auch in der Natur aufsuchen würde. Mehrere Äste von verschiedener

UNFALLVERHÜTUNG UND KRANKHEITSVORSORGE

Futter und Wasser in geeignete Gefäße füllen, nicht direkt unter die Sitzstangen plazieren und täglich auf Sauberkeit überprüfen.

Ein zu kleiner Käfig führt zu Langeweile und verursacht Streß.

Gegenüber: Gute Sitzstangen sind nicht glatt, von angemessener Dicke und werden regelmäßig gereinigt.

UNFALLVERHÜTUNG UND KRANKHEITSVORSORGE

Dicke ermöglichen es dem Vogel, selbst zu wählen, was ihm am liebsten ist. Die unebene Oberfläche des Astes erleichtert dem Vogel das Greifen. Eine zu dünne Sitzstange kann zu Verkrampfungen führen.

➤ Verschmutztes Wasser und Futter sowie der Vogelkot sind Krankheitsquellen. Der Käfigboden kann mit Zeitungspapier ausgelegt werden, das täglich gewechselt wird. Futter und Wasser gehören in geeignete Behälter, die nicht direkt unter den Sitzstangen stehen und täglich auf Sauberkeit überprüft werden sollten.

➤ Zu jedem Käfig gehört eine Abdeckung, die keine losen Fäden aufweisen darf, weil diese sich um die Zehen des Vogels wickeln und sie abschnüren könnten. Die Abdeckung schützt den Vogel vor zu viel Hitze durch übermäßiges Sonnenlicht und vor Auskühlung.

➤ Ein einzeln gehaltener Vogel kann unter Langeweile leiden und sich womöglich selbst verstümmeln oder Federn auszupfen. Abhilfe schaffen Spielsachen wie eine Leiter, Glöckchen und eine Schaukel. Außerdem sollte man dem Vogel öfters Gesellschaft leisten, mit ihm sprechen, ihm etwas vorpfeifen, ihn streicheln oder eine Zeitlang in einem sicheren Zimmer frei fliegen lassen.

- Wichtig ist auch die Wahl des Aufstellortes für Käfig oder Voliere. Zugluft ist schädlich für Vögel, denn sie kann Atemwegserkrankungen hervorrufen. Plötzliche laute Geräusche und die Anwesenheit von anderen Tieren können Vögel unter Streß setzen oder Schockzustände verursachen. Im ersten Schrecken versuchen alle Vögel instinktiv zu fliehen, doch im Käfig kann dieses panikartige Auffliegen zu schweren Verletzungen führen.

- Viele Unfälle und Krankheiten lassen sich vermeiden, wenn wichtige Grundregeln der Haltung, Parasitenbekämpfung, Ernährung und Hygiene beachtet werden.

DER VERLETZTE ODER KRANKE VOGEL

Greifen, Festhalten, Untersuchen, Transportieren

Einen Käfigvogel zu greifen kann ein Kinderspiel, aber auch sehr schwierig sein; dies ist abhängig von seinem Temperament, der Art seiner Verletzung und dem Aufbau des Käfigs.

GREIFEN UND FESTHALTEN

Fangen eines kleinen Vogels in einem kleinen Käfig
- Den Käfig in einen kleinen Raum bringen, zum Beispiel in die Wäschekammer. Alle Fenster und Türen schließen, falls der Vogel entwischen sollte.
- Alle Gegenstände wie Sitzstangen, Schaukeln und Futterbehälter aus dem Käfig nehmen, damit sie beim Greifen des Vogels nicht im Weg sind.
- Kleine Vögel wie Wellensittiche und Kanarienvögel lassen sich leicht greifen, wenn sie auf dem Boden sitzen oder sich am Gitter festhalten.
- Ein zahmer Vogel hüpft vielleicht auf den hingehaltenen Finger. In diesem Fall wird er sanft gestreichelt, dann schließt man die Hand vorsichtig (nicht zu fest und nicht zu locker) um seinen Körper und fixiert den Kopf zwischen Daumen und Zeigefinger, damit der Vogel nicht beißen kann (siehe S. 26).
- Ist der Vogel nicht zahm, spricht man beruhigend auf ihn ein und versucht, ihn langsam in eine Ecke des Käfigs zu treiben. Dann greift man ihn von hinten, wie es für den zahmen Vogel beschrieben ist.
- Zur Untersuchung und Behandlung, für die Fahrt zum Tierarzt und natürlich für den Umzug in einen neuen Käfig oder eine Voliere ist es notwendig, den Vogel zu greifen.

Der Vogel im Käfig

DER VERLETZTE ODER KRANKE VOGEL

Gegenüber: Mit etwas Glück hüpft ein zahmer Vogel auf den hingehaltenen Finger.

Rechts: Kleine Vögel lassen sich leicht greifen, wenn sie auf dem Boden sitzen oder sich am Gitter festhalten.

Unten: Nach dem Einfangen mit dem Volierennetz wird die Öffnung an das obere Gitter gehalten, damit der Vogel nicht wieder entkommt.

DER VERLETZTE ODER KRANKE VOGEL

DER VERLETZTE ODER KRANKE VOGEL

Fangen eines großen Vogels in einem großen Käfig
- Als erstes den Käfig in einen kleinen, sicheren Raum bringen und die gesamte Käfigeinrichtung entfernen.
- Wenn der Käfig so groß ist, daß eine Armlänge nicht ausreicht, um in jeden Winkel zu gelangen, muß er so weit zerlegt werden, daß ein Zugreifen möglich wird.
- Manche Vögel beißen, wenn man sie greifen will. Davor schützen feste Handschuhe. Eine andere Möglichkeit ist, den Biß durch ein vorgehaltenes Handtuch zu mildern oder es dem Vogel über den Kopf zu werfen.
- Um den Kopf des Vogels zu fixieren, legt man die Handfläche auf seinen Rücken und hält den Kopf mit Daumen und Zeigefinger fest. Die andere Hand hält die Flügel und Beine zusammen, damit der Vogel sich bei seinen Abwehrbewegungen keinen Schaden zufügen kann und man vor seinen Krallen geschützt ist (siehe S. 30).

Fangen eines im Zimmer oder in der Voliere frei fliegenden Vogels
- Erst zugreifen, wenn sich der Vogel niedergelassen hat. Am leichtesten lassen sich Vögel greifen, die in einer Ecke sitzen.
- Man nähert sich dem Vogel langsam und leise und hält dabei ein ausgebreitetes Handtuch in beiden Händen.
- Wenn man nahe genug ist, wird im entscheidenden Moment das Handtuch über den Vogel geworfen; dann muß er sofort darin eingehüllt werden. Die meisten Vögel halten dabei still.
- Die Hand auf das Handtuch legen, schnell nach dem Kopf tasten und diesen halten. Wenn der Vogel transportiert werden soll, den Kopf zwischen Daumen und Zeigefinger halten und dann den eingehüllten Vogel samt Handtuch in den Transportbehälter setzen (siehe S. 29). Wenn der Vogel untersucht werden soll, wird das Handtuch immer nur von einem Körperteil, beginnend mit dem Kopf, entfernt.
- Eine andere Möglichkeit ist das Einfangen mit dem Volierennetz, das einem Schmetterlingsnetz ähnelt. Sobald der Vogel im Netz ist, muß die Öffnung gegen das obere

DER VERLETZTE ODER KRANKE VOGEL

Gitter der Voliere gehalten werden, damit er nicht wieder entwischt (siehe S. 22).

Fangen eines ins Freie entkommenen Käfigvogels
- Wenn der Vogel einen Gefährten hat, setzt man diesen im Käfig vor ein geöffnetes Fenster oder eine Tür. Wenn der entflogene Vogel zurückkommt, schiebt man den Käfig mit dem Gefährten ein Stückchen weiter in den Raum hinein, um den Flüchtling näher heranzulocken. Kommt der Vogel herein, werden Tür oder Fenster geschlossen und der Vogel gefangen wie auf Seite 24 beschrieben.
- Wenn kein Gefährte den Ausreißer lockt, wartet man, bis er sich in einem Baum oder Strauch niedergelassen hat und versucht, das Gefieder mit Wasser, z. B. aus einem Gartenschlauch, zu durchtränken. Leider führt diese Methode nicht immer zu einem Erfolg.

- Wildvögel lassen sich in der Regel nur fangen, wenn sie krank oder verletzt sind. **Wildvögel**
- Wie schwierig sich das Einfangen gestaltet, hängt von der Größe des Vogels und von der Art seiner Krankheit oder Verletzung ab. Folgende Fangmethoden sind möglich:
  ➤ Mit der Hand.
  ➤ Mit einem Netz.
  ➤ Mit einem Handtuch, das über den Vogel geworfen wird. Unter dem Tuch wird sich der Vogel sofort beruhigen.
- Folgende Maßnahmen schützen den Ersthelfer vor Schnabel und Krallen des gefangenen Wildvogels:
  ➤ Den Schnabel mit Klebeband, Isolierband oder einem Gummiband verschließen (siehe S. 31). Die Schnabelspitze kann mit etwas Knetmasse entschärft werden.
  ➤ Kräftige Krallen können schlimme Rißwunden verursachen. Deshalb werden die Beine des Vogels zusammengebunden, oder man läßt ihn einen Stock greifen (siehe S. 31). Dann werden die Krallen, etwa mit einer selbsthaftenden Bandage, am Stock festgebunden.

DER VERLETZTE ODER KRANKE VOGEL

DER VERLETZTE ODER KRANKE VOGEL

Beim Einfangen von größeren Vögeln schützen kräftige Handschuhe vor Bißwunden.

Ein Handtuch beschränkt die Beweglichkeit von Flügeln und Beinen.

Gegenüber: Einen kleinen Vogel umfaßt man mit der ganzen Hand; Daumen und Zeigefinger fixieren den Kopf.

DER VERLETZTE ODER KRANKE VOGEL

UNTER-SUCHUNG DES VOGELS

- Blutungen (siehe S. 37) und Anzeichen von Schock (siehe S. 86) müssen behandelt werden, bevor der Vogel einer genaueren Untersuchung unterzogen wird.

- Übermäßiges Hantieren mit einem unter Schock stehenden Vogel kann ihn töten.

- Im Schockzustand braucht der Vogel vor der Untersuchung zunächst 2 bis 3 Stunden Ruhe.

Untersuchungsvorgang

Als erstes einen Schritt zurücktreten und den Vogel genau betrachten. Auf folgendes ist zu achten:

➢ *Asymmetrie.* Ein hängender Flügel zum Beispiel deutet auf einen Knochenbruch hin (siehe S. 61).

➢ *Augenausfluß.* Mögliches Anzeichen für eine Bindehautentzündung (siehe S. 52).

➢ *Nasenausfluß.* Mögliches Anzeichen für eine Atemwegserkrankung (siehe S. 75).

➢ *Schiefgehaltener Kopf.* Mögliches Anzeichen für eine Gehirnerschütterung (siehe S. 52).

➢ *Zusammengedrängte Vogelgruppe.* Oft auf dem Boden des Käfigs. Dies ist ein allgemeines Krankheitsanzeichen.

➢ *Anormale Atmung.* Zeigt mögliche Atemwegserkrankungen an (siehe S. 75).

➢ *Haltung.* Der Vogel hält den Kopf mit halb geschlossenen Augen zum Flügel gedreht.

➢ *Gesträubtes Gefieder.* Ebenfalls ein Anzeichen für eine Erkrankung.

➢ *Verfärbte Federn.* Verfärbungen um die Nasenöffnungen deuten auf eine Atemwegserkrankung hin (siehe S. 75).

➢ *Verschmutzte Federn am Kopf.* Verkrustungen aus Schleim und halbverdauten Körnern oder anderem Futter sind ein Zeichen für Erbrechen (siehe S. 88).

➢ *Verschmutzte Federn um die Kloake.* Verfärbte, kotverschmierte Federn und flüssiger Kot auf dem Käfigboden sind ein Zeichen für Durchfall (siehe S. 56).

➢ *Federverlust.* Kann ein Anzeichen für eine darunterliegende Wunde sein (siehe S. 89).

DER VERLETZTE ODER KRANKE VOGEL

Als nächstes den Vogel sorgfältig untersuchen
- Mit dem Kopf beginnen und auf folgendes achten: Abschürfungen, Schnabelbruch, Augenverletzungen, ungleiche Pupillengröße sowie Schnabel- und Zungenprobleme, die auf eine Gehirnerschütterung hindeuten könnten (siehe S. 52).
- Auch die ungleiche Größe der Pupillen kann ein Zeichen für eine Gehirnerschütterung sein (siehe S. 52).
- Auf fehlende oder zusammengeklebte Federn achten – hier könnte sich eine Wunde verbergen (siehe S. 89).
- Den Körper, besonders das Brustbein und die Brustmuskeln, abtasten. Wenn das Brustbein vorsteht und die Muskeln kaum fühlbar sind, ist der Vogel entweder unterernährt (siehe S. 86) oder chronisch krank.
- Beide Flügel untersuchen. Um einen Flügel auszubreiten, greift man die Flügelspitze und zieht sie vorsichtig vom Körper weg. So können Knochen und Gelenke nach Brüchen oder Verrenkungen abgetastet werden. Auf Wunden und Blutungen achten. Knochenbrüche sind an der Flügelunterseite oft leichter zu erkennen (siehe S. 35).
- Schließlich noch die Beine auf Knochenbrüche abtasten (siehe S. 61). Das geht am leichtesten, wenn das Bein gestreckt ist.
- Achtung: Untersuchen Sie mit größter Vorsicht, und konsultieren Sie im Zweifelsfall umgehend einen Tierarzt.

DEN VOGEL TRANSPORTIEREN

- Ein verletzter Wildvogel kann in folgenden Behältern zum Tierarzt oder zur Vogelwarte gebracht werden:
  - In einem abgedeckten Käfig.
  - In einem Pappkarton, in den einige Luftlöcher gestochen wurden und der mit einem Handtuch ausgepolstert ist.
  - In einer Socke.
  - In einem Sack, dessen Öffnung gerade so groß ist, daß der Kopf des Vogels hindurchpaßt.
- All diese Behälter bieten dem Vogel Wärme und gedämpftes Licht, was ihn beruhigt und die Gefahr eines Schocks verringert. Die Wahl des Behälters hängt davon ab, was zur Hand ist und wie groß der Vogel ist.

DER VERLETZTE ODER KRANKE VOGEL

DER VERLETZTE ODER KRANKE VOGEL

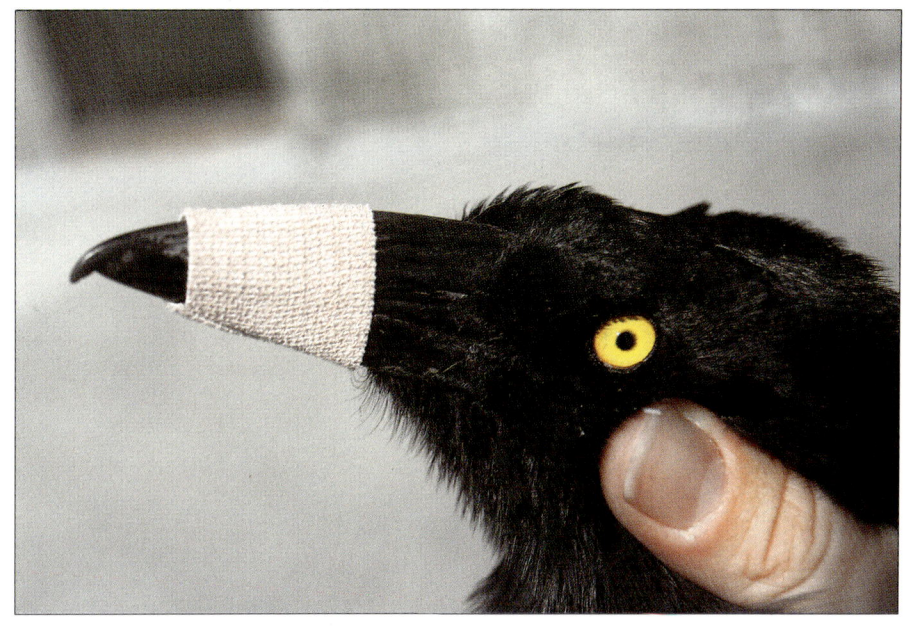

Oben: Wenn der Schnabel zugeklebt ist, kann der Vogel nicht beißen.

Links: Um scharfe Krallen unschädlich zu machen, läßt man den Vogel einen Gegenstand greifen und umwickelt ihn und die Krallen dann mit einer selbsthaftenden Bandage.

Gegenüber: Um einen großen Vogel sicher festzuhalten, packt man den Kopf von hinten mit Daumen und Zeigefinger. Die andere Hand hält Beine und Flügel zusammen.

WANN IST DER TIERARZT ZU KONSULTIEREN?

Die folgenden Informationen sollen als Entscheidungshilfe dienen, ob der Vogel tierärztliche Hilfe benötigt.

SOFORT KONSULTIEREN

- **Blutungen.** Versuchen, die Blutung durch Abdrücken zu stillen (siehe S. 37).
- **Blut im Erbrochenen und/oder Durchfall.** Vorhandensein von Blut; flüssiger Durchfall (siehe S. 56).
- **Extremer Juckreiz.** Ununterbrochenes Kratzen und/oder Picken der Haut; Haut bereits aufgekratzt und blutig.
- **Kollaps oder Gleichgewichtsverlust.** Überreaktion auf äußere Reize; Niedergeschlagenheit; Taumeln; Herumwandern im Kreis; Häufiges Liegen/Festliegen; Zittern; Steifheit; Koma. All dies kann auf Gehirnerschütterung (siehe S. 52) oder auf einen Krampfanfall (siehe S. 54) hindeuten.
- **Schwere Verletzung.** Stichwunden, besonders im Auge, in der Brust oder im Bauchraum; oder eine klaffende Wunde, die eventuell bis auf den Knochen reicht (siehe S. 89); Knochenbruch (siehe S. 61).
- **Schwere Atemnot.** Angestrengte, keuchende Atmung (siehe S. 75).
- **Unablässiges Pressen.** Könnte auf Verstopfung (siehe S. 53) oder Legenot (siehe S. 57) hinweisen.
- **Verbrennungen.** Großflächig (siehe S. 51).
- **Vergiftung.** Chemisch oder pflanzlich – Chemikalie oder Pflanze zum Tierarzt mitnehmen, damit er die Art der Vergiftung bestimmen kann (siehe S. 79).

NOCH AM GLEICHEN TAG KONSULTIEREN

- **Atembeschwerden.** Atemnot; schnelle und flache Atmung mit oder ohne Husten (siehe S. 75).
- **Augenprobleme.** Lider ganz oder teilweise geschlossen; Netzhaut wolkig, trüb oder bläulich-weiß verfärbt (siehe S. 59).

WANN IST DER TIERARZT ZU KONSULTIEREN?

- **Futterverweigerung.** Keine Nahrungsaufnahme; Apathie mit anderen Symptomen wie Atemnot oder Durchfall.
- **Legenot.** Pressen; Niedergeschlagenheit; aufgeblähter Bauch (siehe S. 57).
- **Schwellungen.** Warm, hart, schmerzhaft oder mit Ausfluß.
- **Schwerer Durchfall.** Häufig abgesetzter, flüssiger Kot; Bauchschmerzen oder ständiges Pressen (siehe S. 56).
- **Selbstverstümmelung.** Picken, Kratzen; Federverlust; Haut gerötet und entzündet.
- **Unterkühlung.** Absinken der Körpertemperatur (siehe S. 74).
- **Verletzungen.** Nicht dringend, es besteht aber die Gefahr einer Infizierung; kleine Schnittwunden durch alle Hautschichten; Stichwunden (siehe S. 89).
- **Verschluckter Fremdkörper.** Vorsichtshalber zum Tierarzt – nicht abwarten, bis eine lebensgefährliche Situation eintritt.

- **Appetitlosigkeit.** Futterverweigerung ohne andere Symptome.
- **Durchfall.** Kot weicher als normal; kein Blut; keine Anzeichen von Schmerzen oder vergeblichem Pressen (siehe S. 56).
- **Juckreiz.** Mäßiges Kratzen; keine Hautschäden durch Selbstverstümmelung.
- **Durst.** Vermehrte Wasseraufnahme.
- **Erbrechen.** Zwei- bis dreimal, ohne weitere Symptome (siehe S. 88).

ERST NACH 24 STUNDEN KONSULTIEREN

WANN IST DER TIERARZT ZU KONSULTIEREN?

Gesträubte Federn, zum Flügel gedrehter Kopf und halb geschlossene Augen sind Anzeichen für eine Erkrankung.

Gesträubtes Gefieder deutet immer auf eine Krankheit hin.

WANN IST DER TIERARZT ZU KONSULTIEREN?

Links: Ein kleiner Vogel kann in einer Socke transportiert werden – sie wärmt und beugt damit der Entstehung eines Schocks vor.

Unten: Zur Untersuchung des Flügels die Flügelspitze greifen und den Flügel ganz strecken.

GRUNDLEGENDE ERSTE-HILFE-TECHNIKEN

Blutung stillen 37

Halskrause herstellen und anpassen 40

Medikamente verabreichen 41

Temperatur messen 44

Aufwärmen eines verletzten, kranken oder verwaisten Vogels 45

GRUNDLEGENDE ERSTE-HILFE-TECHNIKEN

Blutung stillen

- Vögel haben relativ wenig Blut, durchschnittlich nur etwa 9 ml (etwa zwei Teelöffel voll) pro 100 g Körpergewicht. Ein 30 g schwerer Wellensittich hat etwa 3 ml Blut (ungefähr ein halber Teelöffel voll).
- Verletzte Vögel bluten meistens nur wenig, weil ihre Blutgerinnung ausgezeichnet funktioniert. Sie können es sich nicht leisten, größere Blutmengen zu verlieren. Verliert ein Wellensittich beispielsweise zwölf Tropfen Blut, hat er damit schon etwa 20 Prozent seines gesamten Blutvolumens eingebüßt.
- Vögel bluten bei Krallen- oder Schnabelverletzungen gewöhnlich stärker als bei Hautwunden.
- Bewegung verstärkt die Blutung. Deshalb muß der Vogel ruhiggestellt werden. Im Idealfall hält eine Person ihn fest, während eine zweite die Blutung stillt.

Blutungen aus dem Schnabel

- Den Vogel gut festhalten (siehe S. 21).
- Mit einem Wattestäbchen etwa eine Minute lang Druck auf die Verletzung ausüben. Wenn keines zur Hand ist, die Fingerspitze zur Hand nehmen, am besten mit einem untergelegten Gazetupfer. Vorsicht, denn der Vogel könnte beißen.
- Wenn vorhanden, das Wattestäbchen in flüssiges Eisenchlorid tauchen und damit 30 Sekunden lang Druck auf die Wunde ausüben (siehe S. 38).
- Nicht zuviel Eisenchlorid auf das Wattestäbchen nehmen, weil herabfallende Tropfen die empfindlichen Schleimhäute verätzen können.

Blutungen von einer Kralle

- Den Vogel gut festhalten (siehe S. 21).
- Mit der Fingerspitze oder einem Wattestäbchen etwa eine Minute lang Druck auf die Verletzung ausüben.
- Wenn vorhanden, das Wattestäbchen in flüssiges Eisenchlorid tauchen und damit 30 Sekunden lang Druck auf die Wunde ausüben.

GRUNDLEGENDE ERSTE-HILFE-TECHNIKEN

Blutung aus einem Federschaft

- Im Schaft einer wachsenden Feder verläuft ein Blutgefäß. Verletzungen dieses Schaftes bluten meist stark.
- Den Vogel gut festhalten (siehe S. 21).
- Die abgebrochene Feder aufspüren.
- Den Federkiel dicht über der Haut mit einer Pinzette greifen und mit einem Ruck herausziehen.

Hautwunden

- Hautwunden bluten gewöhnlich nur wenig.
- Den Vogel gut festhalten (siehe S. 21).
- Die Wunde eine Minute oder länger mit der Fingerspitze abdrücken. Wenn vorhanden, einen sterilen Gazetupfer unterlegen.

Flüssiges Eisenchlorid kann mit einem Wattestäbchen auf eine Schnabelverletzung aufgetragen werden.

38

GRUNDLEGENDE ERSTE-HILFE-TECHNIKEN

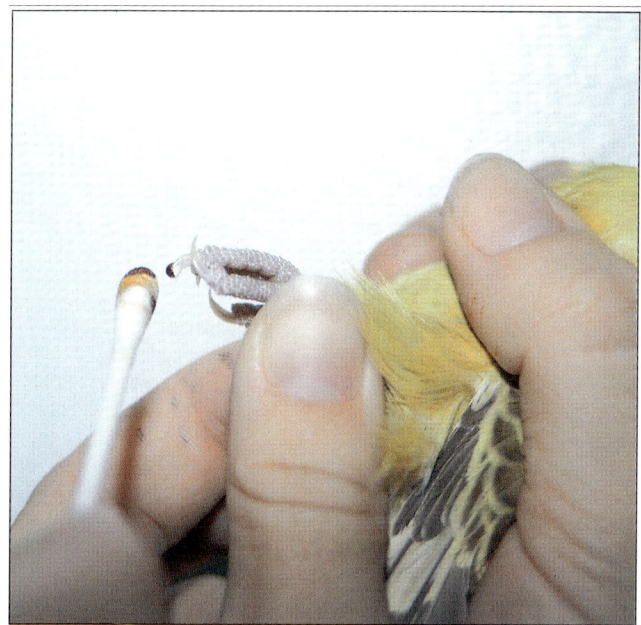

Flüssiges Eisenchlorid wird mit einem Wattestäbchen auf eine blutende Kralle aufgetragen.

Eine selbstkonstruierte Halskrause macht es dem Vogel unmöglich, Verletzungen mit dem Schnabel zu erreichen.

GRUNDLEGENDE ERSTE-HILFE-TECHNIKEN

Halskrause herstellen und anpassen

Die Halskrause soll den Vogel daran hindern, sich selbst zu picken, Federn auszureißen, sich zu kratzen, seinen Kopf zu reiben oder an einer Bandage oder Schiene herumzuhacken. Wenn Ihr Tierarzt Ihnen keine fertige Halskrause mitgibt, können Sie auch selbst eine herstellen (siehe S. 39).

- Ein passendes, steifes Stück Plastik auswählen, zum Beispiel eine Eiscremedose oder die Schale eines Fertiggerichtes.
- Das Plastik kreisförmig zuschneiden. Der Kreis muß so groß sein, daß der Vogel den Rand nicht mit dem Schnabel erreichen kann, wenn sein Kopf aus der Mitte herausschaut.
- Die Plastikscheibe von außen bis zur Mitte einschneiden. Die Mitte so weit ausschneiden, daß sie um den Hals des Vogels paßt. Daran denken, daß die Federn seinen Hals dicker aussehen lassen.
- Die scharfen Kanten am Halsausschnitt mit Klebeband polstern, damit sich der Vogel nicht wund reibt.
- Ein Helfer hält den Vogel fest (siehe S. 21), und die Halskrause wird angelegt. Ein zu großer Halsausschnitt wird kleiner, wenn man die Schnittkanten stärker überlappen läßt. Wenn die Halskrause richtig sitzt, sich also leicht um den Hals des Vogels drehen läßt, von ihm aber nicht abgestreift werden kann, werden die überlappenden Schnittkanten mit Heftklammern verbunden.

Wichtig
- Darauf achten, daß der Vogel auch mit der Halskrause fressen, trinken und auf einer Stange sitzen kann.
- Sicherstellen, daß sich der Vogel nicht mit einem Fuß zwischen Hals und Halskrause verfangen kann.

GRUNDLEGENDE ERSTE-HILFE-TECHNIKEN

Medikamente verabreichen

Medikamente gibt es in Form von medizinischem Körnerfutter, Pulver, Flüssigkeiten, Salben, Tropfen oder Injektionen. Wie Medikamente verabreicht werden, hängt von ihrem Wirkstoff, ihrem Geschmack, dem Zustand und Temperament des Vogels und dem Temperament des Besitzers ab. Medikamente über das Futter zu geben, ist eine unsichere Methode, doch sie bietet sich für alle Vogelhalter an, die ihre Tiere nicht anfassen können oder wollen.

- Medizinisches Körnerfutter ist im Handel erhältlich. Seine Wirksamkeit hängt jedoch von der Schwere der Erkrankung ab, denn schwer kranke oder verletzte Vögel verweigern häufig die Futteraufnahme. Zudem eignet sich diese Methode nur für Körnerfresser wie etwa Wellensittiche, Kanarienvögel und Kakadus.

Medizinisches Körnerfutter

- Auch diese Methode ist nicht unbedingt zu empfehlen, weil es vom Geschmack des Medikaments und dem Zustand des Vogels abhängt, wie viel oder wie wenig er davon frißt. Demzufolge kann man also nie sicher sein, ob das Medikament unter- oder vielleicht überdosiert wurde.
- Pulver haftet besser am Körnerfutter, wenn das Futter vor dem Hinzufügen des Medikaments mit Pflanzenöl benetzt wird.
- Handelt es sich bei dem Medikament um eine Flüssigkeit, kann das Körnerfutter eine Nacht lang darin eingeweicht werden, damit es sich vor dem Verfüttern damit vollsaugt.

Pulver und Flüssigkeiten im Futter

- Der Vogel könnte zuviel oder zu wenig Medizin bekommen; das hängt davon ab, wieviel er trinkt. Bei dieser Methode muß darauf geachtet werden, ob der Vogel das Wasser auch wirklich trinkt. Ist dies nicht der Fall, kann der Geschmack durch Hinzufügen von Traubenzucker oder Honig verbessert werden.

Pulver und Flüssigkeiten im Trinkwasser

41

GRUNDLEGENDE ERSTE-HILFE-TECHNIKEN

Verabreichen von Flüssigkeiten mit der Pipette oder Spritze

- Für diese Form der Verabreichung müssen Sie den Vogel fangen und festhalten (siehe S. 21).
- Den Vogel von hinten umfassen, den Kopf zwischen Daumen und Zeigefinger nehmen und Körper, Flügel und Beine mit den anderen Fingern zusammenhalten (siehe S. 26).
- Die Hand drehen, bis der Kopf des Vogels leicht nach hinten geneigt ist. Auf diese Weise läuft die Flüssigkeit in Richtung Rachen und nicht zur Schnabelspitze wieder heraus.
- Pipette oder Spritze in die andere Hand nehmen und mit der Spitze den Schnabel berühren. Der Vogel wird automatisch den Schnabel öffnen, um nach dem Gegenstand zu beißen.
- Die Flüssigkeit tropfenweise in den Schnabel rinnen lassen. Wenn der Vogel nicht schluckt, den Kopf noch etwas weiter nach hinten neigen und mehr Flüssigkeit einträufeln. Den Kopf aber nicht zu weit zurücklegen und die Flüssigkeit nicht zu schnell verabreichen, damit nichts in die Luftröhre läuft, denn das würde einen Hustenanfall auslösen.

Zwangsfütterung

- Diese Methode, einem Vogel flüssige Medikamente durch einen Schlauch oder eine spezielle, mit einer Spritze verbundene Kropfnadel zu verabreichen, ist effektiv und professionell. *Sie muß jedoch dem Tierarzt vorbehalten bleiben,* denn sie erfordert viel Erfahrung und Fingerspitzengefühl.

Injektionen

- Auch sie werden nur vom Tierarzt vorgenommen. Injektionen sind schnell, wirksam und praktisch, dürfen aber ebenfalls nicht von Laien ausgeführt werden.

Tropfen und Salben

- **Augentropfen.** Den Kopf zwischen Daumen und Zeigefinger nehmen (siehe S. 21) und so drehen, daß das zu behandelnde Auge oben ist. Die Augentropfen in der anderen Hand halten und einen Tropfen direkt auf den Augapfel geben. Den Kopf noch 20 Sekunden

GRUNDLEGENDE ERSTE-HILFE-TECHNIKEN

Flüssigkeiten können mit einer Spritze eingeflößt werden. Den Vogel von hinten greifen und den Kopf etwas nach hinten neigen.

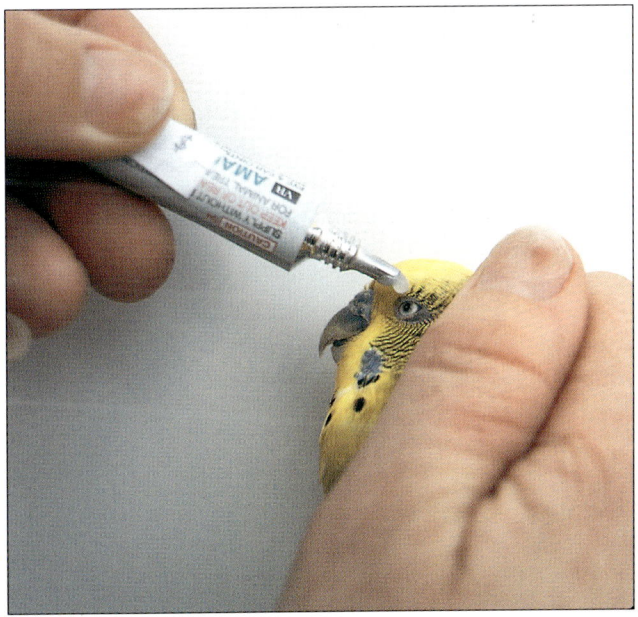

Beim Auftragen von Augensalben den Kopf des Vogels zwischen Daumen und Zeigefinger halten und etwas zur Seite neigen.

schräg halten, damit der Tropfen nicht sofort wieder herausrinnt.

- **Augensalbe.** Viele Augensalben sind bei Zimmertemperatur fest und werden erst bei Körpertemperatur flüssig. Zum Aufbringen dieser Salben wird dieselbe Technik angewendet wie bei den Augentropfen beschrieben (siehe S. 42 und 43). Nicht zuviel Salbe aufbringen, denn eine Verschmutzung der Federn rund um die Augen kann übermäßiges Putzen auslösen.

Temperatur messen

Die Temperatur variiert bei den verschiedenen Vogelarten. Bei den meisten Arten liegt die Normaltemperatur zwischen 40 °C und 42 °C. Geschwächte Vögel kühlen schnell aus und können an Unterkühlung sterben. Wenn die Temperatur unter 38 °C liegt, muß der Vogel aufgewärmt werden (siehe S. 45). Vögel können aber auch einen Hitzschlag erleiden (siehe S. 73).

- Ein bruchsicheres Thermometer mit einem milden Gleitmittel wie Vaseline einreiben.
- Das Thermometer vorsichtig etwa 0,75 cm tief in die Kloake einführen (das ist die Körperöffnung, durch die Kot und Eier austreten).
- Das Thermometer nach ein bis zwei Minuten wieder herausziehen und das Ergebnis ablesen.
- Das Thermometer desinfizieren und in den Erste-Hilfe-Kasten zurücklegen.
- Die Hände gründlich waschen.

Wichtig
- Ein normales Fieberthermometer ist nur dazu geeignet, die Normaltemperatur oder ein Absinken derselben zu ermitteln. Der Grad einer Überhitzung läßt

sich jedoch nur anhand der Symptome abschätzen (siehe S. 73).

Aufwärmen eines verletzten, kranken oder verwaisten Vogels

Ein ausgewachsener, gesunder Vogel, der in seiner natürlichen Umwelt lebt, braucht keine künstliche Wärmequelle. Das sieht bei verletzten, kranken oder verwaisten Vögeln ganz anders aus – ihr Überleben kann davon abhängen (siehe S. 76).

- Die Küken von Nestflüchtern (sie haben beim Schlüpfen schon Daunen) und Nesthockern (sie schlüpfen nackt) werden in einer Pappschachtel untergebracht, die mit zerrupftem Zeitungspapier gepolstert ist.
- Eine 40-Watt-Birne so hoch über der Schachtel anbringen, daß die Temperatur auf dem Boden der Schachtel zwischen 30 °C und 32 °C beträgt.
- Ein Thermometer auf den Boden der Schachtel legen, um die Temperatur zu überprüfen.
- Die Schachtel muß so groß sein, daß das Küken die Möglichkeit hat, sich von der Wärmequelle wegzubewegen, wenn ihm zu warm wird.
- Mit zunehmender Ausbildung des Federkleides wird die Temperatur durch Höherhängen der Glühlampe auf etwa 20 °C gesenkt.

Verwaistes Küken

- Den Vogel in einen passenden Karton oder Käfig setzen.
- Den Karton mit einem Handtuch oder zerkleinertem Zeitungspapier polstern und mit Luftlöchern versehen.
- Den Käfig mit einer dicken Decke oder mehreren Handtüchern abdecken.
- Den Karton oder Käfig neben oder auf die Heizung stellen, eine 60-Watt-Birne darüber aufhängen oder ein Heizkissen oder eine Heizdecke verwenden. Darauf achten, daß der Vogel kein Elektrokabel in seiner Reichweite hat.

Kranke, verletzte oder unter Schock stehende Vögel

GRUNDLEGENDE ERSTE-HILFE-TECHNIKEN

- Der Vogel muß genug Platz haben, um sich von der Wärmequelle wegzubewegen, wenn ihm zu warm wird.
- Die Temperatur im Karton oder Käfig bei konstant 30 °C bis 32 °C halten, bis sich der Vogel vollständig erholt hat.
- Trockene Hitze kann zur Austrocknung führen. Um die Luftfeuchtigkeit zu erhöhen, eine flache Wasserschale in den Karton oder Käfig stellen oder zwischen Wärmequelle und Vogel anbringen.
- Die Temperatur in Karton oder Käfig regelmäßig überprüfen.
- Wenn der Vogel wieder warm ist, sind seine Federn nicht mehr gesträubt, und er macht einen wachen und aktiven Eindruck.
- Wenn nötig, kann die Körpertemperatur noch einmal gemessen werden (siehe S. 44).
- Die Temperatur im Karton oder Käfig allmählich auf 20 °C reduzieren.

Gegenüber: Mit einem Karton, Papierschnipseln und einer Glühlampe ist schnell ein warmes Plätzchen für einen verletzten, kranken oder verwaisten Vogel geschaffen.

GRUNDLEGENDE ERSTE-HILFE-TECHNIKEN

ERSTE HILFE BEI VERLETZUNGEN UND ERKRANKUNGEN

Angelhaken im Schnabel 60

Angelschnur verschluckt 60

Angriff durch Raubtiere 50

Atemnot 75

Augenverletzungen 59

    Chlorverätzungen 59

    Fremdkörper im Auge 59

Austrocknung 55

Bindehautentzündung 52

Durchfall 56

Erbrechen 88

Gehirnerschütterung 52

Hitzschlag 73

Knochenbrüche 61

    Beinbruch 61

    Flügelbruch 68

    Schnabelbruch 72

Krampfanfälle 54

ERSTE HILFE BEI VERLETZUNGEN UND ERKRANKUNGEN

Kropfanschoppung 54

Legenot 57

Schock 86

Streß 87

Unterernährung 86

Unterkühlung 74

Verbrennungen 51

Vergiftungen 79

Verstopfung 53

Verwaiste Küken 76

Wunden 89

    Rißwunden 90

    Stichwunden 89

ERSTE HILFE BEI VERLETZUNGEN UND ERKRANKUNGEN

Angriff durch Raubtiere

Vögel werden häufig von Hunden und anderen Vögeln verletzt, doch ihr größter Feind ist zweifellos die Katze. Katzen fügen ihnen mit ihren Zähnen und Krallen Stichwunden zu, die von außen harmlos aussehen, unter denen sich jedoch schwere Verletzungen, Infektionen oder sogar Knochenbrüche verbergen können. Weitere von Katzen verursachte Verletzungen sind Rißwunden, Federverlust, beschädigte Flügel und Schockzustände.

Symptome
- Schock (siehe S. 86).
- Ein hängender Flügel (siehe S. 68).
- Blutverklebte Federn.
- Lahmheit (siehe S. 61).

Behandlung
- Den Vogel nicht mehr anfassen als unbedingt nötig.
- Blutungen stillen (siehe S. 37).
- Den Vogel zur Behandlung seines Schocks in eine warme, stille Umgebung mit gedämpftem Licht bringen (siehe S. 86).
- Wenn sich der Schockzustand nach ca. drei Stunden nicht gelegt hat, informieren Sie Ihren Tierarzt.
- Hat sich der Zustand des Vogels gebessert, können Knochenbrüche (siehe S. 61) und kleinere Wunden versorgt werden.
- Mit den Fingern vorsichtig die Federn rund um die Stichwunden auszupfen.
- Die Wunden mit 1 %iger Wasserstoffperoxydlösung säubern.
- Wenn tiefere Gewebeschichten verletzt sind, muß der Vogel vom Tierarzt Antibiotika bekommen.

ERSTE HILFE BEI VERLETZUNGEN UND ERKRANKUNGEN

Verbrennungen

- Verbrennungen werden durch Chemikalien, elektrischen Strom, Hitze und bei Wildvögeln durch Waldbrände verursacht.
- Den Vogel zum Tierarzt bringen. Tiefe oder großflächige Verbrennungen müssen umgehend tierärztlich behandelt werden.

Viele Haushaltsprodukte wie zum Beispiel Chlor können Verätzungen hervorrufen, die überwiegend die Haut betreffen.

CHEMIKALIEN

- Mit kaltem Wasser abspülen, danach mit warmem Seifenwasser waschen. Gründlich nachspülen.

Behandlung

Vögel mit kräftigem Schnabel sind besonders gefährdet, weil sie ein Kabel durchbeißen können.

ELEKTRISCHER STROM

- Das Gerät sofort ausschalten. Wenn der Schalter außer Reichweite ist, mit einem trockenen Stück Holz oder Plastik den Stecker aus der Dose ziehen oder den Vogel mit einem Stock vom Kabel wegstoßen.
- Den Schockzustand behandeln (siehe S. 86).
- Den Vogel zum Tierarzt bringen.

Behandlung

Großflächige Verbrennungen können Schock (siehe S. 86), Flüssigkeitsverlust (Austrocknung) (siehe S. 55) und Infektionen verursachen.

HITZE

- Sofort kaltes Wasser über die Verbrennung fließen lassen; wenn Eis zur Hand ist, 10 bis 15 Minuten damit kühlen oder den verbrannten Körperteil in ein Becken mit Eiswasser tauchen. Den Rest des Körpers warmhalten, um einem Schock vorzubeugen.
- Zum Abtrocknen nur leicht tupfen. Nicht reiben, denn dadurch könnte die empfindliche verbrannte Haut aufgerissen werden.

Behandlung

51

- Tiefe oder großflächige Verbrennungen müssen sofort vom Tierarzt behandelt werden.

Gehirnerschütterung

Zu Kopfverletzungen kommt es, wenn Vögel gegen Glasscheiben oder gegen das Gitter ihres Käfigs fliegen.

Symptome

Eines oder mehrere der folgenden Anzeichen können auftreten:
- Niedergeschlagenheit.
- Verlust des Gleichgewichts.
- Im Kreis laufen mit oder ohne schiefgehaltenem Kopf.
- Schwäche der Flügel und Beine.
- Krampfanfälle.

Behandlung

- Den Vogel an einem warmen, stillen Ort unterbringen, um einem Schock vorzubeugen (siehe S. 45).
- Den Vogel in einen mit einem Handtuch gepolsterten Karton setzen und an einen ruhigen, etwa 30 °C warmen Platz stellen.
- Wenn es ein Käfigvogel ist, die Sitzstangen tiefer hängen und Spielsachen und Wasserbehälter entfernen.
- Den Käfigboden mit Zeitungspapierschnipseln polstern, wenn der Vogel nicht mehr auf der Stange sitzen kann.
- Den Vogel zum Tierarzt bringen.

Bindehautentzündung

Die Bindehaut ist die Membrane, die das Innere der Augenlider auskleidet. Eine Entzündung der Bindehaut ist bei Vögeln nicht zu übersehen.

Symptome

- Zusammengeklebte Lider.
- Eitrige Absonderungen in den Augenwinkeln.
- Trockener Eiter an den Lidrändern.

- Die Verkrustungen mit warmem Wasser vorsichtig aufweichen.
- Die Lider nicht ruckartig auseinanderziehen, sonst drohen Verletzungen der Lidränder.
- Alle Krusten vorsichtig entfernen, damit die Lider nicht sofort wieder zusammenkleben.
- Den Vogel vor Wind und direkter Sonneneinstrahlung schützen.
- Bei starkem oder langanhaltendem Ausfluß muß der Vogel zum Tierarzt, der eine Augensalbe/Augentropfen verschreiben wird.

Behandlung

Warnung
- Es gibt unzählige Augensalben auf dem Markt, die sehr unterschiedliche Wirkungsweisen haben. Auf keinen Fall wahllos irgendeine Salbe nehmen, weil einige von ihnen den Zustand verschlimmern können. Wird zum Beispiel eine Wucherung auf der Hornhaut falsch behandelt, kann dies zu bleibenden Schäden oder sogar zur Erblindung des Vogels führen. Konsultieren Sie daher auf alle Fälle Ihren Tierarzt, der Ihrem Vogel die richtige Salbe verschreiben wird.

Verstopfung

- Der Vogel preßt vergeblich und ist niedergeschlagen, sein Bauch ist aufgebläht, ähnlich wie bei einem Vogel mit Legenot.

Symptome

- Alle Kotreste rund um die Kloake entfernen und stark kotverschmutzte Federn auszupfen.
- Ein paar Tropfen Paraffinöl über den Schnabel eingeben.
- Die Kloake mit einem milden Gleitmittel oder Paraffinöl einreiben.

Behandlung

ERSTE HILFE BEI VERLETZUNGEN UND ERKRANKUNGEN

- 1 bis 2 ml (1/3 Teelöffel) auf 100 g Körpergewicht verabreichen. Die folgenden Angaben sollen als Anhaltspunkt dienen:
  ➤ Kanarienvogel 15–30 g
  ➤ Wellensittich 30–55 g
  ➤ Unzertrennliche 50–60 g
  ➤ Taube 300–450 g

- Wenn Sie es nicht schaffen, dem Vogel Flüssigkeit einzuflößen, muß er zum Tierarzt, der ihm das Wasser in den Kropf geben oder ihn per Injektion mit Flüssigkeit versorgen wird.

Durchfall

- Die Ausscheidungen der Vögel bestehen im Normalfall aus drei Komponenten: einer klaren, farblosen Flüssigkeit (Urin), einer festen weißen Masse (Harnsäure) und einer festen dunklen Masse (Kot).
- Die Konsistenz der Ausscheidungen ist von Art zu Art verschieden. Körnerfresser haben einen festeren Kot als Nektarfresser, deren Ausscheidungen fast flüssig sind. Vögel, die Obst oder Grünpflanzen fressen, produzieren einen weichen, grünlichen Kot.
- Streß, ausgelöst durch einen Transport oder die plötzliche Gefangenschaft eines wilden Vogels in einem kleinen Käfig, kann Ursache für einen weicheren Kot sein.
- Durchfall kann aber auch durch Ernährungsfehler, Wurmbefall, eine Infektion oder eine Vergiftung ausgelöst werden.

Symptome

- Die Ausscheidungen haben eine flüssige Konsistenz.
- Der Vogel ist teilnahmslos, verweigert das Futter, und sein Gefieder ist gesträubt.
- Die Federn um die Kloakenöffnung sind mit Kot verschmutzt.
- Überprüfen, ob der Durchfall die Folge einer Futter-

umstellung sein könnte. Es gibt viele Durchfallursachen, von denen einige nur durch eine Laboruntersuchung des Kots geklärt werden können.
- Während Sie auf das Ergebnis warten, müssen Sie den Vogel isolieren, damit sich die Krankheit nicht ausbreitet.
- Den Vogel warm halten (siehe S. 45), ihm Wasser anbieten und kurzfristig kein Futter geben.

Behandlung

- Den Vogel schon bei den ersten Anzeichen von Durchfall von den anderen isolieren.
- Den Käfig oder die Voliere gründlich mit kochendem Wasser oder einem Desinfektionsmittel reinigen.
- Nach der Behandlung des Vogels und dem Reinigen des Käfigs gründlich die Hände waschen, damit die Infektion nicht auf Sie oder Ihre anderen Vögel übergreifen kann.
- Alles Obst, Gemüse und alle Pflanzen vor dem Verfüttern gründlich abwaschen, um mögliche Pestizidrückstände zu entfernen.

Vorbeugung

Legenot

- Die Hauptursachen sind Kalziummangel, Verfettung und Unterkühlung.

Ursachen

- Der Vogel preßt vergeblich, wirkt niedergeschlagen, und sein Bauch ist aufgebläht.

Symptome

- Den Vogel 3 Stunden warm unterbringen (siehe S. 45).
- Die Kloake (die Öffnung, durch die alle Ausscheidungen und die Eier abgegeben werden) mit Vaseline oder einem anderen Gleitmittel einreiben. Oft kann das Ei auch durch leichten manuellen Druck ausgetrieben werden.
- Wenn das nicht hilft, könnte der Inhalt des Eis mit Nadel und Spritze abgezogen werden. Unternehmen Sie diesen Versuch nur zusammen mit einem Fachmann und auch nur dann, wenn sich Ihr Vogel nicht dagegen sträubt.

Behandlung

ERSTE HILFE BEI VERLETZUNGEN UND ERKRANKUNGEN

- Der Tierarzt kann aber auch eine Kalziumspritze geben. Wenn das Ei 2 Stunden danach immer noch nicht gelegt ist, wird er es operativ entfernen.

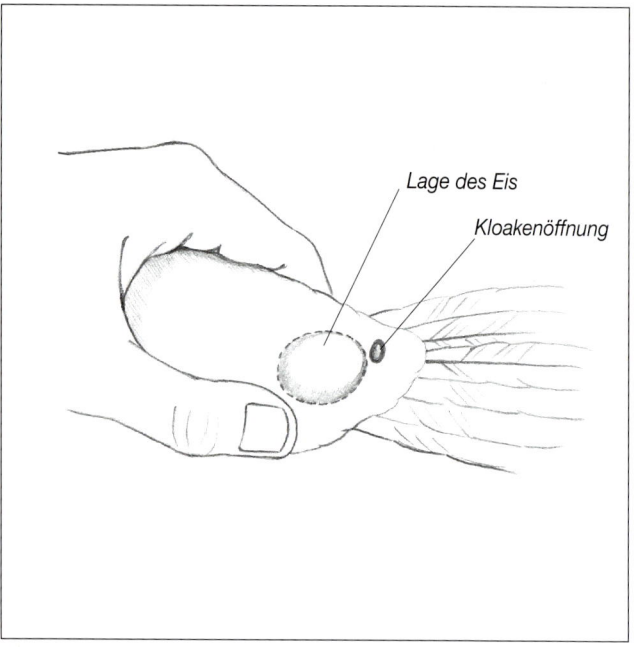

Lage des Eis
Kloakenöffnung

Bei Legenot ist eine Schwellung an der Kloakenöffnung zu fühlen.

In Legenot preßt der Vogel, ist niedergeschlagen und hat einen aufgeblähten Bauch.

ERSTE HILFE BEI VERLETZUNGEN UND ERKRANKUNGEN

Augenverletzungen

Jede Verletzung des Auges oder der Lider ist als gefährlich zu betrachten, denn alle Augenschäden können zur Erblindung führen.

- Den Vogel sofort zum Tierarzt bringen.
- Lider und Auge auf dem Transport mit einem nassen Gazetupfer feucht halten.

Behandlung

Da die Augen feucht sind, haftet Chlor an ihnen und verursacht schwere Verätzungen, die zur Erblindung führen können.

CHLORVERÄTZUNGEN

- Das Auge sofort mehrmals ausspülen. Folgende Methoden können angewandt werden:
  ➢ Das Auge mit sauberem Wasser aus einer Spritze spülen.
  ➢ Das Auge vorsichtig mit einem nassen Gazetupfer auswischen.
  ➢ Wasser von einem tropfnassen Gazetupfer ins Auge träufeln.
- Den Vogel sofort zum Tierarzt bringen.

Behandlung

Fremdkörper wie Saathülsen können bleibende Schäden am Auge verursachen.

FREMDKÖRPER IM AUGE

- Das Auge mit viel Wasser spülen.
- Die Lider vorsichtig öffnen und schließen, damit der Fremdkörper zum inneren Augenwinkel wandert oder zumindest sichtbar wird.
- Wenn er sichtbar ist, versuchen, ihn mit einem feuchten Gazetupfer aus dem Auge zu wischen. Wenn das nicht gelingt, kann der Fremdkörper *unter größter Vorsicht* mit einer Pinzette entfernt werden.
- Wenn sich der Fremdkörper nicht entfernen läßt oder der Vogel nach dem Entfernen immer noch Anzeichen von Unbehagen erkennen läßt, muß er zum Tierarzt gebracht werden.

Behandlung

- Dasselbe gilt, wenn der Vogel das Auge zukneift, und die Ursache des Problems nicht auszumachen ist.

Angelhaken im Schnabel

Vorsicht
- Nicht an dem Haken ziehen oder drücken.

Behandlung

Wenn der Vogel ruhig ist und das spitze Ende des Hakens aus dem Schnabel ragt
- Während ein Helfer den Kopf des Vogels gut festhält (siehe S. 21), kneifen Sie die Spitze oder, wenn das praktischer ist, die Öse des Hakens mit einer Zange ab.
- Der Rest des Hakens kann dann leicht herausgezogen werden.

Wenn der Vogel sehr aufgeregt ist oder die Spitze des Hakens in den Schleimhäuten der Mundhöhle steckt
- Bringen Sie den Vogel zum Tierarzt.

Angelschnur verschluckt

Vorsicht
- Die Schnur nicht abschneiden. An ihr könnte ein Angelhaken hängen, und sie zeigt dem Tierarzt, wo er nach ihm suchen muß.
- Um zu verhindern, daß der Vogel noch mehr von der Schnur verschluckt, wird sie bis zur Untersuchung mehrmals um den Schnabel gewickelt.

Behandlung
- Den Vogel festhalten (siehe S. 21) und seinen Kopf nach hinten neigen, damit er den Schnabel öffnet.
- Wenn die Angelschnur im Rachen verschwindet, probeweise vorsichtig daran ziehen.

- Wenn sie sich nicht rührt, nicht weiterziehen.
- Den Vogel zum Tierarzt bringen.

Knochenbrüche

- Zu Knochenbrüchen kommt es überwiegend an den Flügeln, den Beinen und dem Schnabel. Die eindeutigsten Brüche sind:
  Der glatte Bruch. Ein einfacher Knochenbruch ohne Komplikationen.
  Der Trümmerbruch. Der Knochen ist in zwei oder mehr Stücke zerbrochen.
  Der offene Bruch. Ein Ende des gebrochenen Knochens hat die Haut durchstoßen. Dieser Bruch ist wegen der Infektionsgefahr besonders gefährlich.
- Die erfolgreiche Heilung eines Knochenbruchs hängt von folgenden Faktoren ab:
  ➤ Die Bruchenden müssen genau gegenüberstehen.
  ➤ Der betroffene Körperteil muß ruhiggestellt werden, bis der Bruch geheilt ist.
- Bei kleinen Vögeln heilen Knochenbrüche innerhalb von 2 bis 3 Wochen; bei größeren dauert es länger.
- Wenn der Vogel an seinem Verband herumpickt, kann ihm eine Halskrause angelegt werden (siehe S. 40).
- Alle Sitzstangen dicht über dem Käfigboden aufhängen, damit sich der Vogel möglichst wenig bewegt.
- Wichtig: Alle nachfolgend vorgeschlagenen Behandlungen möglichst zusammen mit einem Fachmann durchführen.
- Im Zweifel den Vogel einsperren, den Schock behandeln (siehe S. 86) und ihn zum Tierarzt bringen (siehe S. 29).

BEINBRUCH
Symptome

- Deformierung des Beins.
- Das Bein wird nicht auf der Stange oder dem Boden aufgesetzt.
- Der Vogel hat Schwierigkeiten, auf seiner Stange zu sitzen.
- Ein gebrochenes Bein wird gewöhnlich hochgezogen und verschwindet im Gefieder. Zum Untersuchen muß es

ERSTE HILFE BEI VERLETZUNGEN UND ERKRANKUNGEN

gestreckt werden. Dazu braucht man jemanden, der den Vogel festhält, während man selbst den Bruch sucht, einrichtet und bandagiert.

Bruch der oberen Beinknochen

- Die oberen Beinknochen sind gewöhnlich nicht zu sehen, denn sie sind mit Federn bedeckt; zu diesem Bereich gehören Oberschenkelknochen und Schienbein (siehe Abb. S. 67).
- Die Behandlung muß dem Tierarzt überlassen bleiben, der das Bein röntgen und den Bruch dann unter Narkose ruhigstellen wird, entweder durch einen Gipsverband oder durch Nagelung.
- Eine andere Methode, ein gebrochenes Bein ruhigzustellen, ist das Anbringen einer Schlinge (siehe Abb. S. 63).
  ➤ Anweisungen, wie der Vogel dabei festgehalten werden muß, finden Sie auf S. 21.
  ➤ Für die Schlinge eignet sich eine 1 cm breite selbsthaftende Bandage am besten.

Ein Bruch ist leichter zu entdecken, wenn das Bein gestreckt wird.

ERSTE HILFE BEI VERLETZUNGEN UND ERKRANKUNGEN

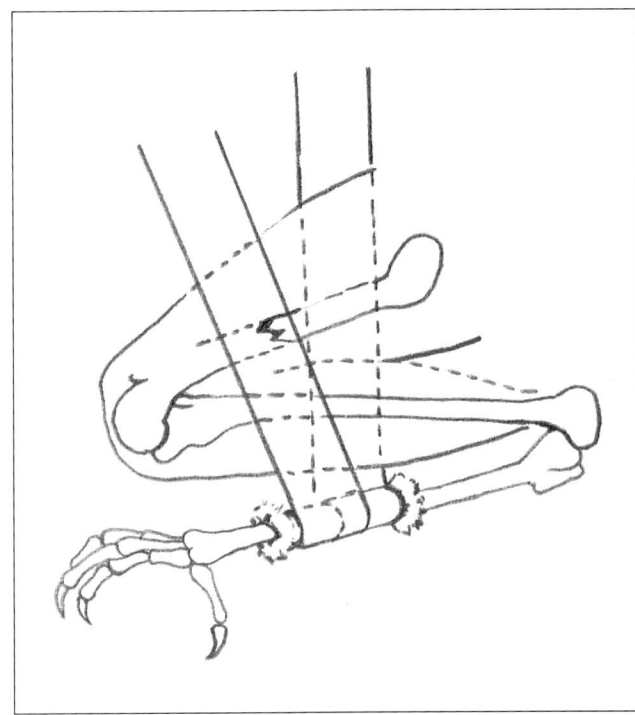

Ein gebrochener Oberschenkelknochen kann mit einer Schlinge ruhiggestellt werden.

Die Schlinge unter den Flügeln hindurchführen, damit der Vogel das Gleichgewicht halten und fliegen kann.

- ➤ Das Bein ausstrecken und das untere Ende, den Mittelfußknochen (siehe Abb. S. 67), mit einem weichen Polstermaterial vor Druck- und Scheuerstellen schützen.
- ➤ Die Schlinge zwei- oder dreimal um die Polsterung legen, dann um den Körper, so daß das Bein in natürlicher Haltung eng an den Leib gezogen wird.
- ➤ Die Schlinge unter den Flügeln hindurchführen, damit der Vogel sein Gleichgewicht halten und fliegen kann.
- ➤ Täglich nachsehen, ob die Schlinge das Bein in der richtigen Haltung hält.
- ➤ Die Schlinge muß 2 bis 3 Wochen angelegt bleiben, wenn nötig, auch länger.
- Wenn der Vogel nach der Schlinge hackt und sie lockert, muß er eine Halskrause umgelegt bekommen (siehe S. 40).

Bruch des Mittelfußknochens

- Der Mittelfußknochen ist die untere Hälfte des Beins, die von schuppiger Haut bedeckt ist (siehe Abb. S. 67). Folgende Methoden eignen sich zur Ruhigstellung eines gebrochenen Mittelfußknochens:

Behandlung

Selbsthaftende Bandage
- Eine selbsthaftende Bandage ist leicht anzulegen und wieder zu entfernen.
- Das gebrochene Bein strecken. Die 1 cm breite Bandage mehrmals eng um die gesamte Länge des Knochens wickeln. Damit der Vogel das Bein wirklich nicht mehr bewegen kann, sollte die Bruchstelle in der Mitte des Verbandes liegen. Liegt der Bruch an einem Ende des Knochens, muß der Verband entsprechend verlängert werden.
- Die Bandage muß 2 bis 3 Wochen angelegt bleiben, wenn nötig, auch länger (siehe S. 66).

ERSTE HILFE BEI VERLETZUNGEN UND ERKRANKUNGEN

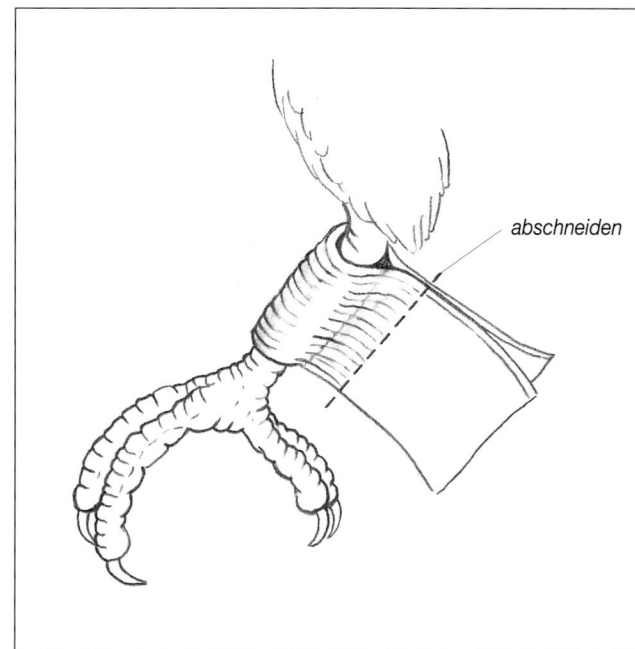

Auch mit zwei bis vier Streifen Klebeband läßt sich ein Bruch des Mittelfußknochens ruhigstellen.

abschneiden

Klebeband

- Zwei bis vier 5 cm lange Streifen von einem 2,5 cm breiten Klebeband abschneiden. Die Streifen so aufeinanderkleben, daß die Klebeseite des oberen erhalten bleibt.
- Das gebrochene Bein strecken, die Mitte der Klebeseite auf die Bruchstelle legen und die überstehenden Enden auf der anderen Seite des Beins miteinander verkleben, so daß ein eng anliegender Stützverband entsteht (siehe Abbildung oben). Das überstehende Stück des Klebestreifens abschneiden.
- Den Verband 2 bis 3 Wochen am Bein belassen, wenn nötig, auch länger. Wenn die Haut über der Bruchstelle verletzt ist, muß der Vogel zum Tierarzt gebracht werden, der mit Antibiotika einer Infektion vorbeugen wird.

ERSTE HILFE BEI VERLETZUNGEN UND ERKRANKUNGEN

ERSTE HILFE BEI VERLETZUNGEN UND ERKRANKUNGEN

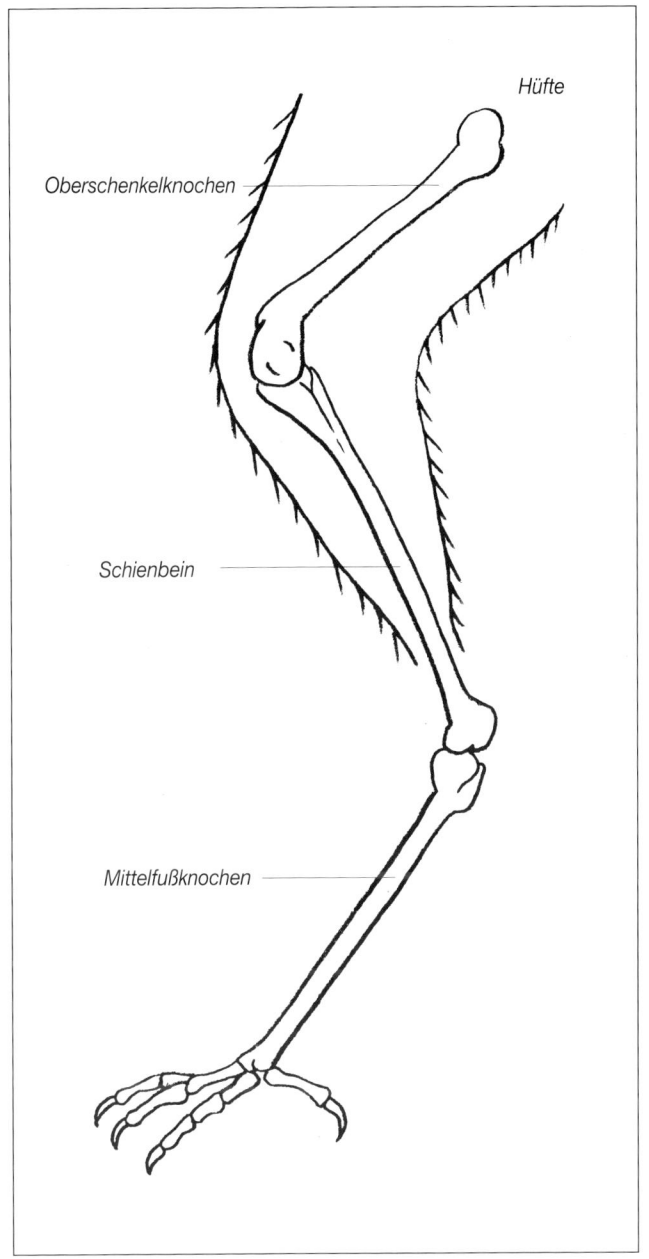

Ein Vogelbein besteht aus drei Knochen.

Gegenüber: Zum Ruhigstellen eines gebrochenen Mittelfußknochens wird eine selbsthaftende Bandage mehrmals um die gesamte Länge des Knochens gewickelt.

ERSTE HILFE BEI VERLETZUNGEN UND ERKRANKUNGEN

Eine Methode, den gebrochenen Flügel eines kleinen Vogels ruhigzustellen, ist, den Flügel mit einer Bandage am Körper zu fixieren.

Bei dieser Methode werden beide Flügel durch eine selbsthaftende Bandage ruhiggestellt.

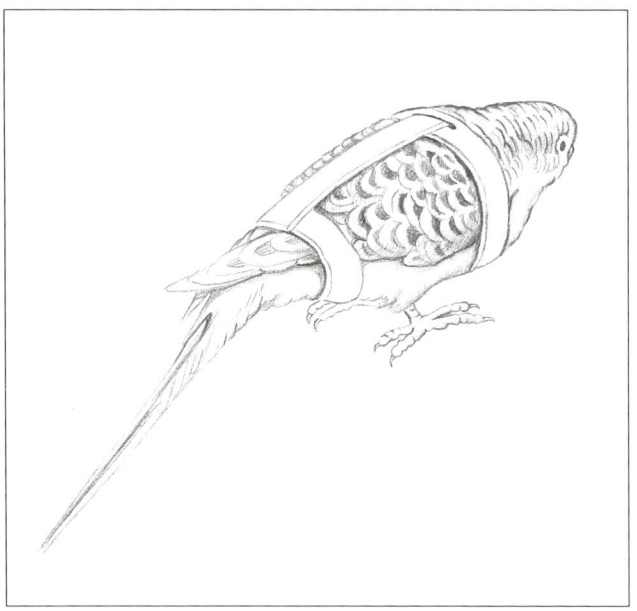

ERSTE HILFE BEI VERLETZUNGEN UND ERKRANKUNGEN

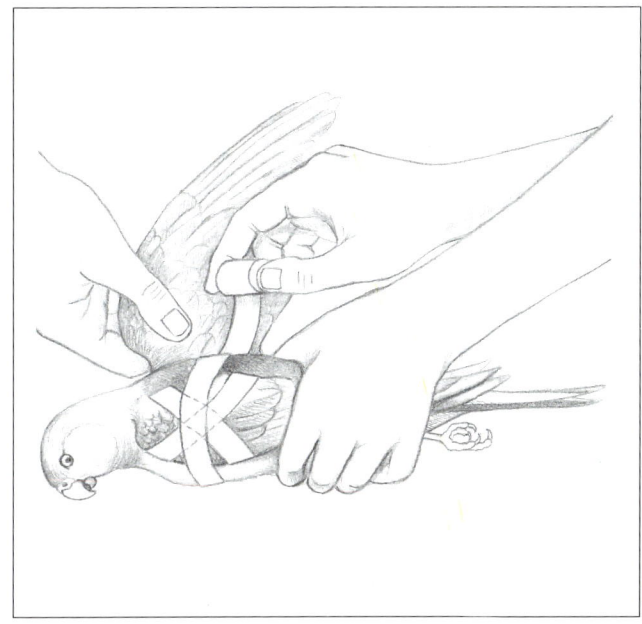

Eine in Achtertouren gewickelte Bandage hält den gebrochenen Flügel eines großen Vogels an seinem Platz. Eine zweite Bandage wird unter dem gesunden Flügel hindurch um den verletzten Flügel und den Körper gelegt.

Unten: Ein herabhängender Flügel kann ein Anzeichen für einen Knochenbruch sein.

ERSTE HILFE BEI VERLETZUNGEN UND ERKRANKUNGEN

SCHNABEL-BRUCH
Symptome

- Schnabelspitze abgebrochen.
- Schnabel gespalten oder eingerissen.
- Schwierigkeiten bei der Futteraufnahme, die schließlich zum Verhungern führen können.
- Bei Brüchen des Oberschnabels ist meistens die Spitze betroffen. Die untere Schnabelhälfte bricht gewöhnlich in der Mitte.

Behandlung

- Den Vogel zum Tierarzt bringen, der dann unter Narkose zwei kleine Löcher in den Schnabel bohren und die Bruchstücke mit Nylonfaden oder Draht fixieren wird.

BEI ALLEN KNOCHEN-BRÜCHEN

- Wenn der Bruch ruhiggestellt ist, muß der Vogel zum Tierarzt, der folgende Faktoren überprüft:
  ➤ Ob der Bruch korrekt versorgt ist.
  ➤ Ob die Blutzirkulation nicht beeinträchtigt ist.
  ➤ Ob die Haut über der Bruchstelle unverletzt ist. Wenn dies nicht der Fall ist, wird der Tierarzt Antibiotika verschreiben.

Hitzschlag

Ein länger anhaltender Hitzschlag kann zu Bewußtlosigkeit, Hirnschäden und zum Tod führen.

Symptome

- Der Vogel hechelt mit offenem Schnabel, schnappt nach Luft und spreizt anfangs auch die Flügel vom Körper ab.
- Er bewegt sich hektisch und unkontrolliert.
- Vielfach kann er nicht mehr stehen oder auf der Stange sitzen.

Behandlung

- Den Vogel sofort abkühlen:
  ➣ Mit kühlem Wasser abtupfen oder besprühen.
  ➣ Vor einen Ventilator setzen.
  ➣ Mit Pipette oder Spritze kühles Wasser eingeben.
  ➣ Wer das Prinzip der Zwangsfütterung beherrscht, kann das Wasser auch direkt in den Kropf eingeben.

Vorsicht
- Den Vogel so wenig anfassen wie möglich, weil zusätzlicher Streß seinen Tod bedeuten kann.
- Beim Abkühlen darauf achten, daß es zu keiner Unterkühlung kommt. Aufhören, wenn der Vogel keine Symptome eines Hitzschlags mehr zeigt (siehe oben) oder seine Körpertemperatur von 40 °C erreicht hat (siehe S. 44).

Vorbeugung

- Den Vogel an heißen Tagen nicht in schlecht belüfteten Räumen lassen, zum Beispiel am Fenster in der prallen Sonne.
- An heißen Tagen für einen schattigen Bereich und Zugang zu kühlem Wasser sorgen.
- Vorsicht beim Transport im Auto. An heißen Tagen möglichst nachts oder frühmorgens fahren. Die Wagenfenster ein wenig öffnen oder, wenn vorhanden, die Klimaanlage einschalten.

ERSTE HILFE BEI VERLETZUNGEN UND ERKRANKUNGEN

Unterkühlung

- Die normale Körpertemperatur eines Vogels liegt zwischen 40 °C und 42 °C.
- Viele Arten, wie etwa die Papageien, schlüpfen nackt. Ihre Küken sind besonders gefährdet, vor allem, wenn sie verwaist sind.
- Auch bei geschwächten Vögeln kann die Temperatur gefährlich absinken.

Symptome
- Ausgewachsene Vögel stellen ihre Federn auf.
- Häufig sitzen sie auf dem Käfigboden.
- Sie wirken schwach.
- Die Körpertemperatur liegt bei 38 °C oder weniger.

Behandlung
- Langsam und vorsichtig aufwärmen. Nicht zu schnell vorgehen, sonst gerät der Vogel in einen Schockzustand und stirbt.
- Den Vogel auf eine abgedeckte Wärmflasche, neben einen Heizkörper, unter eine 60-Watt-Birne oder auf ein Heizkissen setzen (siehe S. 45).

Vorsicht
- Trockene Hitze kann zur Austrocknung führen. Um die Luftfeuchtigkeit zu erhöhen, eine flache Schale voll Wasser in den Käfig oder zwischen die Wärmequelle und den Vogel stellen.
- Die Temperatur der Wärmequelle und die Zeit, die der Vogel in ihrer Nähe verbringen muß, stets im Auge behalten, damit eine Überhitzung vermieden wird.
- Wenn der Vogel wieder warm ist, sind seine Federn nicht mehr gesträubt und er wirkt wach und lebhaft. Wer ganz sichergehen will, kann die Körpertemperatur messen (siehe S. 44).

Atemnot

- Anders als Menschen haben Vögel ein System von Luftsäcken in Brust und Bauchraum, die mit der Lunge und dem Skelett verbunden sind und ihnen beim Fliegen helfen.
- Infektionen der Atemwege sind sehr gefährlich, weil sie durch die Luftsäcke auf den ganzen Körper übergreifen können.
- Beim gesunden Vogel sind die Atembewegungen kaum zu sehen.
- Bei großer Hitze können auch gesunde Vögel mit offenem Schnabel nach Luft schnappen.

Ursachen

Atemnot kann folgende Ursachen haben:
- Hitze.
- Infektionen.
- Parasiten.
- Schockzustände.

Symptome

- Atmung schnell und flach oder langsam und tief.
- Geöffneter Schnabel.
- Kraftlosigkeit und Bewegungsunlust.
- Keuchende oder klickende Atemgeräusche.
- Gesträubte Federn.
- Husten.
- Appetitmangel.

Behandlung

- Den Vogel so wenig wie möglich anfassen.
- Für eine warme (30–32 °C) Unterbringung bei gedämpftem Licht sorgen.
- Wasser anbieten.
- Die Nasenöffnungen von Ausfluß befreien:
  - ➤ Trockene Krusten einweichen und mit einer Pinzette entfernen.
  - ➤ Wässrigen Ausfluß mit einem feuchten Wattestäbchen abwischen.

ERSTE HILFE BEI VERLETZUNGEN UND ERKRANKUNGEN

- Den Vogel isolieren. Viele Erkrankungen der Atemwege sind hochansteckend, und einige, wie etwa Psittakose, können auch den Menschen befallen.
- Den Vogel zum Tierarzt bringen.

Vorsicht
- Atembeschwerden können ein Anzeichen für eine lebensbedrohende Erkrankung sein.

Verwaiste Küken

Junge Vögel werden unterteilt in Nestlinge und solche, die bereits flügge sind.
- **Nestlinge.** Sie sitzen im Nest, können nicht fliegen und sich nicht selbst ernähren. Sie werden von den Alttieren gefüttert.
- **Flügge Jungvögel.** Sie können das Nest verlassen und zu ihm zurückkehren. Anfangs fliegen sie noch unsicher und nur kurze Strecken. Oft werden sie von den Altvögeln noch zugefüttert.

Junge Vögel lassen sich auch anhand bestimmter Merkmale zum Zeitpunkt des Schlüpfens klassifizieren, und zwar als
- **Nestflüchter.** Sie haben schon beim Schlüpfen ein Daunengefieder, können laufen und verlassen das Nest, um den Eltern zu folgen. Sie brauchen die Altvögel nur, um sich warm zu halten und zu ihrem Schutz – wie etwa Enten und Hühner.
- **Nesthocker.** Sie schlüpfen nackt, können nicht laufen, und ihre Augen sind geschlossen. Sie werden von den Altvögeln gefüttert – wie etwa Wellensittiche.

AUFZUCHT VON NESTFLÜCHTERN

- **Temperatur.** Das Küken in einen mit Zeitungsschnipseln gepolsterten Karton setzen. Eine 40-Watt-Birne so über dem Karton aufhängen, daß darin eine Temperatur von 30–32 °C herrscht. Zum Überprüfen der Temperatur ein Thermometer direkt unter der Lampe in den Karton le-

gen. Genügend Platz vorsehen, damit sich das Küken von der Wärmequelle wegbewegen kann, wenn ihm zu warm ist. Mit zunehmender Befiederung des Kükens die Glühbirne höher hängen, bis die Temperatur schließlich nur noch 20 °C beträgt.
- **Füttern.** Zerkleinertes Kükenfutter in die Streu geben und dasselbe Futter in einem passenden Gefäß anbieten. Wasser muß in einem speziellen Behälter für die Kükenaufzucht gereicht werden, denn in eine offene Schale könnten die Küken hineinfallen.

AUFZUCHT VON NESTHOCKERN

- **Temperatur.** Das Küken in einen mit Zeitungsschnipseln gepolsterten Karton setzen. Eine 40-Watt-Birne so über dem Karton aufhängen, daß darin eine Temperatur von 30–32 °C herrscht. Zum Überprüfen der Temperatur ein Thermometer in den Karton legen. Der Karton muß so groß sein, daß sich das Küken von der Wärmequelle wegbewegen kann. Mit zunehmender Ausbildung des Gefieders die Glühbirne höher hängen, bis die Innentemperatur des Kartons nur noch 20 °C beträgt.
- **Füttern.** Das Küken muß jede Stunde gefüttert werden. Verwaiste Küken können dasselbe Futter fressen wie die Altvögel, doch es muß mit Wasser zu einem Brei verrührt werden. Häufig kleine Mengen anbieten; der Kropf muß vor der nächsten Mahlzeit leer sein. Wenn der Kropf noch voll ist, sieht man ihn als Schwellung an der Seite des Halses. Die meisten Nesthockerküken betteln mit aufgerissenem Schnabel um Futter. Diese instinktive Reaktion läßt sich durch Berühren des Schnabels oder des Kopfes auslösen. Zum Füttern können eine stumpfe Pinzette, eine Spritze, eine Pipette oder ein Löffel verwendet werden. In diesem Stadium nehmen die Küken mit dem feuchten Futter genügend Wasser auf.

ERNÄHRUNGSVORSCHLÄGE

Körnerfresser wie Kakadus, Kanarienvögel und Wellensittiche
- 3 Teelöffel Aufzuchtfutter mit 3 Teelöffeln Wasser zu einem dünnen Brei verrühren.

ERSTE HILFE BEI VERLETZUNGEN UND ERKRANKUNGEN

- Bei Verwendung einer Spritze genügend Wasser zugeben, damit sich der Brei aufziehen läßt.

Fleischfresser wie Greifvögel
- Hunde- oder Katzenfutter aus der Dose mit Wasser vermischen.
- Trockenfutter für Hunde oder Katzen mit Wasser zu einem dünnen Brei verrühren.
- Kleine Stücke Hühner- oder Kaninchenfleisch sorgen für festere Nahrung.

Nektarfresser wie Loris
- Zerdrückte Biskuits mit Quetschhafer und Honig vermischen und mit Wasser zu einem dünnen Brei verrühren.

Allesfresser wie Krähen und Elstern
- Hühnerfleisch, hartgekochtes Ei, Vollkornbrot und Hunde- oder Katzenfutter aus der Dose zu einem dicken Brei vermischen.

Insektenfresser wie Zaunkönige und Bachstelzen
- Hartgekochtes Ei, Käse, Hunde- oder Katzenfutter aus der Dose, Vollkornbrot und Wasser zu einem dünnen Brei verrühren.

Unbekannte, verwaiste Küken
- Eine gute Mischung ist: 2 Teile Hunde- oder Katzenfutter, 1 Teil hartgekochtes Ei, 1 Teil gekochter Spinat und 1 bis 2 Tropfen einer Multivitaminlösung. Wasser hinzufügen und das Ganze zu einem dünnen Brei verrühren.

Gegenüber (oben): Nestflüchter haben ein Daunengefieder, können laufen und selbst Futter suchen.

Gegenüber (unten): Nesthocker schlüpfen nackt; sie können nicht laufen, und ihre Augen sind geschlossen.

> **Wissenswertes**
>
> In Deutschland gibt es keine freilebenden Nektarfresser.

Vergiftungen

- Vögel vergiften sich durch Einatmen und Verschlucken giftiger Substanzen und durch den Hautkontakt mit ihnen.
- Käfigvögel ziehen sich oft Vergiftungen zu, weil sie Luft atmen müssen, die mit Schadstoffen belastet ist, zum

Ursachen

ERSTE HILFE BEI VERLETZUNGEN UND ERKRANKUNGEN

Beispiel durch Öl- und Fettdünste aus der Küche, Kohlenmonoxyd aus dem Familienauto, Farbdünste und Insekten- oder Unkrautvernichtungsmittel, die in Haus oder Garten versprüht wurden.
- Fleischfressende Vögel können sich an Beutetieren vergiften, die zuvor von einem Schädlingsbekämpfungsmittel gefressen haben.
- Insektenfresser können sich vergiften, wenn die Insekten mit einem Insektizid in Berührung gekommen sind.
- Körnerfresser sind gefährdet durch Getreide, das zufällig oder mit Absicht vergiftet wurde.

Symptome

- Die häufigsten Anzeichen sind:
  ➤ Erbrechen.
  ➤ Durchfall.
  ➤ Bewegungsunlust.
  ➤ Niedergeschlagenheit.
  ➤ Krampfanfälle.
  ➤ Zucken.
  ➤ Taumeln.
  ➤ Koma.
- Möglicherweise treten nur einige dieser Symptome auf, denn sie sind abhängig von der Art des Giftes, der aufgenommenen Menge und der Zeit, die seit der Vergiftung vergangen ist.

Behandlung

Wichtig
- Wenn nicht eindeutig feststeht, womit sich der Vogel vergiftet hat, sofort zum Tierarzt gehen und die Symptome beschreiben. In manchen Fällen kann er ein Gegenmittel verabreichen.
- In manchen Ländern gibt es Giftzentralen, die weiterhelfen können.
- Eine Behandlung erst dann einleiten, wenn sicher ist, daß der Vogel wirklich vergiftet ist und das Gift eindeutig identifiziert wurde.

Wenn Federn und Haut mit einem Giftstoff verunreinigt sind
- Den Vogel mit warmem Wasser und Seife waschen, dann mehrmals mit warmem Wasser nachspülen. Den Vogel warm halten (siehe S. 45).

Wenn der Vogel ein unbekanntes Gift geschluckt hat
- Mit einer Spritze oder einer Pipette Wasser eingeben.

Wenn der Vogel Säure geschluckt hat
- Eine Natriumbikarbonatlösung eingeben. Einen halben Teelöffel voll in einer Tasse Wasser auflösen und je nach Größe des Vogels 6 bis 20 Tropfen mit Spritze oder Pipette in den Schnabel geben.

Wenn der Vogel Kerosin oder Phenol geschluckt hat
- Ein paar Tropfen Olivenöl eingeben.

Wenn der Vogel immer wieder Krampfanfälle hat
- Abwarten, bis ein Anfall vorbei ist und den Vogel dann zum Tierarzt bringen.
- Um Verletzungen auf dem Transport zu vermeiden, den Vogel in ein Handtuch wickeln und in einen kleinen Karton stecken (siehe S. 21).

Wenn die Krampfanfälle nicht wieder aufhören
- Den Vogel in ein Handtuch wickeln, damit er sich nicht selbst verletzt.
- Den Vogel schnell zum Tierarzt bringen (siehe S. 21); wenn möglich, eine Probe des Giftes mitnehmen.

Die Vergiftungstabelle
Die folgende Tabelle ist nur von Nutzen, wenn feststeht, daß der Vogel tatsächlich vergiftet ist und um welches Gift es sich handelt. Im Zweifelsfall sofort beim Tierarzt oder der Giftzentrale anrufen.

BEHANDLUNG VON VERGIFTUNGEN MIT HAUSHALTS- UND GARTENGIFTEN

Gift	Herkunft
Alkohol/Methylalkohol	Es gibt immer wieder verantwortungslose Menschen, die Vögeln Alkohol geben.
Arsen (Ratten- und Insektengift; Unkrautvernichtungsmittel)	Verzehr von gespritzten Pflanzen oder vergifteten Nagetieren; Putzen des mit arsenhaltigem Spray in Berührung gekommenen Gefieders.
Blei	Vögel vergiften sich beim Putzen des mit Blei kontaminierten Gefieders.
Chlor	Konzentriertes Pulver oder Tabletten für den Swimmingpool; das gechlorte Wasser aus dem Pool ist nicht giftig.
Chlorierte Kohlenwasserstoffe (Lindan, Dieldrin, Aldrin, Chlordan, Gammexan)	Durch die Haut aufgenommene Insektengifte.
Kerosin	Heizöl und Reinigungsmittel, die die Haut verätzen; durch das Putzen gelangt das Gift in den Körper.
Kohlenmonoxyd	Einatmen von Autoabgasen.
Metaldehyd	Schneckengift in Pulver- oder Pelletform.
Öl	Verschüttetes Öl; Ölpest.

Symptome (nach Schwere und Ausbruch)	Behandlung
Niedergeschlagenheit; Erbrechen; Schwanken; Kollaps.	Wasser geben; warm halten (siehe S. 45); zum Tierarzt.
Durst; Erbrechen; blutiger, flüssiger Durchfall; Kollaps; Tod.	Sofort zum Tierarzt.
Appetitmangel; Gewichtsverlust; Erbrechen; Durchfall. Abhängig von der Schwere der Vergiftung auch starke Erregbarkeit; Krämpfe; Niedergeschlagenheit; Blindheit; Lähmungen; Koma.	Bleivergiftungen machen sich erst allmählich bemerkbar. Der Tierarzt kann sie durch eine Blutuntersuchung nachweisen.
Rote, tränende Augen; gerötete Schleimhäute im Schnabel; Geschwüre in der Mundhöhle und auf der Zunge; Erbrechen; Durchfall.	Mundhöhle und Augen mit Wasser spülen; Trinkwasser anbieten; zum Tierarzt.
Überaktivität; Unruhe; Zucken; Krämpfe; Koma; Tod.	Wenn keine Krämpfe auftreten, den Vogel mit Wasser und Seife waschen und gründlich nachspülen; danach zum Tierarzt.
Rote, entzündete Haut; entzündete Geschwüre auf der Zunge; Erbrechen; Durchfall; eventuell Krämpfe.	Den Vogel mit Wasser und Seife waschen; 2–3 Tropfen Olivenöl eingeben; zum Tierarzt.
Zitternde Beine; Atembeschwerden.	Den Vogel sofort an die frische Luft bringen; zum Tierarzt, der Sauerstoff und ein Atemstimulans verabreichen wird.
Zittern; Durchfall; Schwanken; Krämpfe.	Sofort zum Tierarzt.
Gefieder ölverklebt; Niedergeschlagenheit.	Mit warmem Wasser und Seife waschen; wenn das Öl nicht zu entfernen ist, den Vogel zum Tierarzt bringen.

ERSTE HILFE BEI VERLETZUNGEN UND ERKRANKUNGEN

BEHANDLUNG VON VERGIFTUNGEN MIT HAUSHALTS- UND GARTENGIFTEN

Gift	Herkunft
Organophosphate	Pelletiertes Schneckengift.
Warfarin	Rattengift, das die Blutgerinnung hemmt; wird entweder direkt aufgenommen oder über eine tote Ratte mitgefressen.
Zink	Verzinkte Gitterstäbe im Käfig oder der Voliere.

ERSTE HILFE BEI VERLETZUNGEN UND ERKRANKUNGEN

Symptome (nach Schwere und Ausbruch)	Behandlung
Zittern; Durchfall; Schwanken; Krämpfe.	Sofort zum Tierarzt.
Teilnahmslosigkeit; Schwäche; erschwerte Atmung; möglicherweise Blutungen; Kollaps; Tod. Die Symptome können langsam auftreten und sind von der aufgenommenen Menge und der seitdem verstrichenen Zeit abhängig.	Wenn nicht allzuviel Zeit verstrichen ist, kann der Tierarzt ein Gegenmittel geben; die Erfolgsquote ist hoch.
Erbrechen und Durchfall; möglicherweise blutig.	Sofort zum Tierarzt, der das Gegenmittel Kalzium EDTA verabreichen wird.

Schock

- Zu einem Schock kommt es gewöhnlich nach schweren körperlichen oder seelischen Belastungen, zum Beispiel der Bedrohung durch eine Katze. Aber auch Verletzungen, Infektionen, Vergiftungen (siehe S. 79) und Austrocknung (siehe S. 55) können einen Schockzustand auslösen.
- Die Anzeichen hängen von der Schwere des Zustandes ab und können über Kollaps und Koma bis zum Tode führen.
- Einen unter Schock stehenden Vogel anzufassen kann seinen Zustand verschlimmern oder zum Tod führen.
- Vögel erleiden leichter einen Schock als Katzen und Hunde.

Symptome

- Gesträubtes Gefieder; der Vogel sitzt häufig auf dem Boden des Käfigs.
- Schnelle, flache Atmung.
- Kopf zum Flügel gedreht; Augen halb geschlossen.
- Allgemeine Schwäche; der Vogel läßt sich leicht einfangen.

Behandlung

- Wenig anfassen.
- Blutungen stillen.
- Den Vogel an einem feuchtwarmen (30–32 °C), dunklen und ruhigen Ort unterbringen (siehe S. 45).
- Wenn sich der Zustand nach 3 Stunden nicht gebessert hat, muß der Vogel zum Tierarzt gebracht werden.
- Wenn sich der Zustand gebessert hat, können kleinere Verletzungen behandelt werden. Lebensbedrohende Verletzungen müssen sofort behandelt werden (siehe S. 13).

Unterernährung

- Unterernährung kommt gewöhnlich nur bei Wildvögeln vor. In den meisten Fällen ist sie verletzungsbedingt; ein Vogel mit gebrochenem Flügel zum Beispiel kann nicht zu seinem Futterplatz fliegen, und ein Vogel mit gebrochenem Schnabel kann nicht fressen.

- Die Brust des Vogels abtasten. Wenn das Brustbein vorsteht und die Brustmuskeln geschwunden sind, ist der Vogel unterernährt oder krank.

Symptome

- Den Vogel sanft und so wenig wie möglich anfassen, damit er keinen Schock erleidet.
- Vor einem Fütterungsversuch den Vogel etwa eine Stunde an einem warmen, dunklen Ort ausruhen lassen.
- Welches Futter gegeben werden muß, hängt von der Vogelart ab (siehe S. 77).
- Wenn der Vogel nicht fressen will, kann er mit Honigwasser oder Traubenzuckerlösung per Spritze oder Pipette zwangsernährt werden.
- Manche Vögel fressen nicht vom Boden. Ihnen gibt man das Futter mit einer stumpfen Pinzette in den Schnabel.

Behandlung

Streß

Gesunde Vögel verkraften Streß besser als kranke, die daran zugrundegehen können.

- Streß kann eine einzelne Ursache haben, aber auch mehrere, die zusammenwirken, wie etwa ein zu kleiner Käfig, in dem der Vogel nicht fliegen kann, zu viele Vögel auf engem Raum, Bedrohung durch Raubtiere, extreme Wetterbedingungen oder häufiges bzw. grobes Anfassen.

Ursachen

- Streßsituationen können sowohl kurzfristig auftreten als auch zum Dauerzustand werden.
- Anzeichen für kurzfristigen Streß:
  ➤ Augen halbgeschlossen.
  ➤ Der Vogel wird plötzlich schlaff in der Hand.
  ➤ Kollaps.

Symptome

- Anzeichen für chronischen Streß zum Beispiel durch Überbelegung des Käfigs:
  - ➤ Appetitmangel.
  - ➤ Gewichtsverlust.
  - ➤ Teilnahmslosigkeit.
  - ➤ Federnrupfen.
  - ➤ Selbstverstümmelung.

Behandlung

- Die Streßursache abstellen.
- Akuter Streß kann einen Schock auslösen (siehe S. 86).
- Überbelegung kann zum Federnrupfen durch die anderen Vögel führen. Den betroffenen Vogel herausnehmen und das Blut vom Gefieder abwaschen. Er darf erst wieder zurück, wenn die Verletzungen vollständig abgeheilt sind.
- Wenn der Vogel sich selbst verstümmelt, hat er vielleicht Läuse oder Milben. Das kann nur der Tierarzt klären. Das Federnrupfen ist schwer wieder abzustellen; in den meisten Fällen kann nur der Tierarzt helfen.

Vorbeugung

- Der Käfig muß die richtige Größe und Form haben.
- Den Vogel nicht zu oft und nicht grob anfassen. Unter Schock stehende, kranke und verletzte Vögel möglichst wenig anfassen.
- Käfige und Volieren so aufstellen, daß die Vögel vor den Unbilden des Wetters und vor Raubtieren geschützt sind.
- Käfige und Volieren nicht überbelegen.
- Langeweile kann zur Selbstverstümmelung führen. Dem Vogel einen Gefährten und/oder geeignetes Spielzeug geben, zum Beispiel Spiegel, Glöckchen oder Leitern.

Erbrechen

Anders als beim Menschen ist das Erbrechen bei manchen Vogelarten ganz normal. Raubvögel zum Beispiel würgen unverdauliche Nahrungsbestandteile wieder aus, und beim Wellensittich kann das Erbrechen ein Teil des Balzverhaltens sein. Es kann aber auch auf eine Erkrankung hinweisen, vor allem, wenn der Vogel dabei teilnahmslos ist, nicht frißt und Durchfall hat.

Ursachen

- Verschluckter Fremdkörper.
- Verdorbenes Futter.
- Infektionen.
- Verletzung/Verlegung des Kropfes.
- Überfressen.
- Vergiftungen.
- Nierenversagen.

Symptome

- Auch wenn Sie das tatsächliche Erbrechen nicht sehen, ist das mit zähem Schleim und halbverdautem Futter verklebte Gefieder rund um den Schnabel doch ein eindeutiges Anzeichen. Zudem ist das Erbrochene in der Regel im Käfig zu finden.

Behandlung

- Den Vogel warm halten (siehe S. 45), das Futter entziehen und nur Wasser geben.
- Den Vogel zum Tierarzt bringen, denn das Erbrechen kann viele Ursachen haben, die nur er mit Hilfe von Untersuchungen und/oder Röntgenaufnahmen ermitteln kann.

Wunden

- Am häufigsten ziehen sich Vögel Stich- und Rißwunden zu.
- Verursacht werden sie meistens durch einen losen Draht am Käfig, Angriffe von anderen Vögeln oder Katzen, Schrotkugeln oder den Aufprall auf Gegenstände.

STICH-WUNDEN

Stichwunden sind sehr schmerzhaft und bluten nicht in jedem Fall.

Behandlung

- Die Federn um die Wunde mit den Fingern oder einer Pinzette dicht über der Haut fassen und mit einem schnellen Ruck herausziehen.

ERSTE HILFE BEI VERLETZUNGEN UND ERKRANKUNGEN

- Vorsichtig und sorgfältig prüfen, ob kein Fremdkörper in der Wunde steckt.
- Den Wundbereich mit 1 %iger Wasserstoffperoxydlösung reinigen und die Wunde mit Jodtinktur betupfen.
- Wenn die Wunde anfängt zu bluten, mit der sauberen Fingerspitze mit oder ohne untergelegten Gazetupfer etwa eine Minute lang Druck ausüben.
- Wenn auch tieferliegende Gewebeschichten betroffen sind, muß der Vogel zum Tierarzt, der Antibiotika geben und die Wunde, wenn nötig, dränieren wird.

RISSWUNDEN

Die Wundränder sind meistens unregelmäßig geformt und klaffen auseinander. Möglicherweise fehlen Teile der Haut und des darunterliegenden Gewebes. Rißwunden sind gewöhnlich nicht schmerzhaft, und die Stärke der Blutung ist unterschiedlich.

Behandlung

- Vorsichtig die Federn rund um die Wunde auszupfen (siehe oben).
- Die Wunde mit warmem Wasser oder besser 1 %iger Wasserstoffperoxydlösung säubern.
- Federn, totes Gewebe und Fremdkörper aus der Wunde entfernen.
- Antibiotischen Puder auf die Wunde geben.
- Den Vogel zum Tierarzt bringen, falls die Wunde genäht werden muß.
- Wenn die Wunde nicht genäht werden kann und offenbleiben muß, darf sie nur gereinigt werden, wenn sie eitert oder verschmutzt ist.
- Wenn der Vogel übermäßig an seiner Verletzung herumpickt, muß ihm eine Halskrause angelegt werden (siehe S. 40).
- Den Vogel so lange auf engem Raum unterbringen, bis die Wunde nahezu abgeheilt ist.

ERSTE HILFE BEI VERLETZUNGEN UND ERKRANKUNGEN

Oben (links und rechts): Selbstverstümmelung und Federnrupfen können durch Streß, Langeweile und Überbelegung des Käfigs ausgelöst werden.

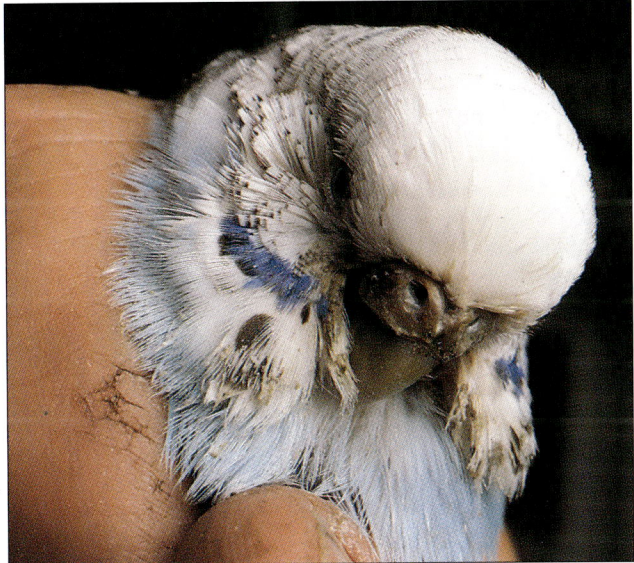

Links: Mit klebrigem Schleim und halbverdautem Futter verklebte Federn am Kopf sind ein Zeichen dafür, daß der Vogel erbrochen hat.

REGISTER

Fett gedruckte Seitenangaben beziehen sich auf die Beschreibung der Symptome. Kursiv gesetzte Seitenangaben beziehen sich auf Abbildungen.

Abschürfungen 13
Angelhaken 60
Angelschnur 60–61
Angriff durch Raubtiere 50
Appetitlosigkeit **33, 55, 56,**
   75, 83, 88
Atmung
   Anomal **28**
   Erschwert **32,** 75–76,
      83, 85
   Geräuschvoll **32,** 75
   Bei Kälte 17
   Schnell und flach **32, 75,**
      86
Aufstellen des Käfigs 20
Aufwärmen 45–46, *47*
   verwaister Küken 76–77
Augen
   Ausfluß **28, 52**
   Eingesunken **55**
   Geschlossen **32,** *34,* **86,**
      87
   Getrübt **32**
   Salbe *43, 44*
   Tränend und gerötet **83**
   Tropfen *42–44*
   Verletzungen **32,** 59-60

Augenlider, verklebte **52**
Austrocknung 55–56
Autofahrt 16

Bandage, selbsthaftende
   64, 66
Bandagieren
   Beinbruch 64–65,
      65–68
   Flügelbruch 68, *69,*
      70–71
Bauch
   Aufgebläht **53, 57,** *58*
   Schmerzen **33**
   Verletzung **32**
Bein
   Bruch 61–*68*
   Deformiert **61**
   Hochgehalten **61**
   Knochenbau *67*
   Schwäche **52**
   Untersuchen 29, *62*
   Zitternd **83**
   Zuckend **54**
Bindehautentzündung **28,**
   52–53
Blindheit **83**
Blut
   Im Durchfall **32, 83, 85**
   Im Erbrochenen **32, 85**
   Im Gefieder **50**
Blutungen
   Federschaft 38
   Kralle 38, *39*
   Schnabel 37, *38*
   Stillen 37
Brustwunden **32**

Chemikalien 16, 51
Durchfall 13, 28, **33,**
   56–57, **80, 85**
Blutig **32, 83, 85**
Durst **33, 83**

Einfangen eines kranken
   oder verletzten Vogels
   21–25, *26–27*
Eisenchlorid 37–*39*
Elektrischer Strom 51
Elektrokabel 16
Entflogener Vogel 25
Erbrechen 13, 28, **33,** 80,
   83, 85, 88–89, *91*
Blutig **32, 85**
Erregbarkeit **73, 83**
Erste-Hilfe-Ausrüstung 12

Federn
   Blutender Schaft 38
   Blutig **50**
   Gesträubt **28,** *34,* **56,**
      74, 75, 86
   Rupfen 20, **88,** *91*
   Verklebte **28,** *91*
   Verlust **28, 33**
   Verschmutzte **28,** *91*
Festhalten eines kranken
   oder verletzten Vogels
   21–25, *26–27, 30–31*
Flügel
   Bruch 68–69, *70–71*
   Herabhängend **28, 50,**
      69, 71
   Schwäche **52**
   Untersuchen 29, *35*
Flügge 76
Füße *siehe* Krallen
Futteraufnahme, gestörte 72
Futtergefäße *18*

Gehirnerschütterung 28,
   32, 52
Geschwüre auf der Zunge
   83
Gesellschaft 20
Gewichtsverlust **83, 88**

REGISTER

Gitterstäbe des Käfigs 16
Gleichgewichtsstörungen
32, 52

Halskrause *39*, 40
Haltung des kranken
  Vogels 28, *34*
Haut
  Gerötet **33, 83**
  Schwer verschiebbar **55**
  Wunden 28, **32**, 38,
    89–90, *91*
Hitze
  Streß durch 20
  Verbrennungen 51
Hitzschlag 73
Husten **32, 75**

Injektion 42
Insektizide 16, 82
Isolieren von Volieren 17

Juckreiz **32, 33**

Käfig 16–20, *18*
Kälte **33**, 45, **74**
  Isolieren 17
  Unterkühlung 17, 20, 33,
    74
Keuchen **32, 73, 75**
Klima 17
Kloake 44, 55, 57
Knochenbrüche
  Beinbruch 61–67, *62–63,*
    65–68
  Flügelbruch 68–69, *70–71*
  Schnabelbruch 72
Kollaps **13, 32, 83, 85,** 87
Koma **32, 80, 83**
Kopf, gedreht 28, *34*
Körner, medizinische 41
Kot
  siehe auch Durchfall

Hart und trocken **55**
Parasiten 20
Unablässiges Pressen **32,**
  33, 53, 57, *58*
Krallen
  Blutungen 37–38, *39*
  Ruhigstellen 25, *31*
Krampfanfälle 32, **52,** 54,
  80, 81, **83, 85**
Kratzen **32, 33**
Kropf 55
  Anschoppung 54
Küken, verwaiste 76–79
Lahmheit **50**
Lähmungen **83**
Langeweile 20, *91*
Laufen im Kreis 32
Lebensbedrohliche
  Verletzungen oder
  Krankheiten 13
Legenot 33, 57–58, *58*
Liegen **32, 54**

Medikamente eingeben
  41–42, *43, 44*
Mittelfußknochen 64, 65,
  67
Mund und Zunge,
  Geschwüre **83**
Mundhöhle
  siehe auch Schnabel
  Gerötet **83**
  Geschwüre **83**

Nasenausfluß **28**
Nestflüchter 76–77, *78*
Nesthocker 76, *78*
Netzhaut, getrübte **32**
Niedergeschlagenheit **32,**
  33, 52, 53, 57, *58,*
  80, 83

Obere Beinknochen 62,

63, 67

Picken der Haut **32, 33**

Raubtiere
  Angriff durch 50
  Schutz vor 16, 20
Rißwunden 90

Salben 42, *43,* 44
Säubern des Käfigs 17, 20
Schiene 68, *68*
Schlinge 62, *63*
Schnabel
  Blutungen 37, *38*
  Bruch 72
  Geöffnet **73, 75**
  Zukleben 25, *31*
Schnittwunden 13
Schock 13–14, 45–46, **50,** 86
Schwäche **74, 85, 86**
Schwanken **83, 85**
Schwellungen 33
Schwierigkeiten beim
  Sitzen auf der Stange **61,**
    73
Selbsthaftende Bandage 64,
  66
Selbstverstümmelung 20,
  33, **88,** *91*
Sitzstangen *14,* 17–19, *18*
Sonnenlicht 17
Spielzeug 20, 88
Steifheit **32**
Stichwunden **32, 33,** 89–90
Straßenverkehr 16
Streß 87–88, *91*
Stromschlag 51

Taumeln **32, 80**
Teilnahmslosigkeit **55, 56,**
  85, 88
Temperatur

93

REGISTER

siehe auch Aufwärmen;
Unterkühlung
Messen 44, 45
Tierarzt, wann anrufen
32–33
Transport eines kranken
 oder verletzten Vogels
 29, *35*
Trinkgefäße 17, *18*
Tropfen, eingeben 42

Überbelegung des Käfigs
 91
Unfähigkeit zu stehen **73**
Unruhe **83**
Unterernährung 86–87
Unterkühlung 17, 20, 33, 74

Verätzungen 51
Verbrennungen 32, 51
Vergiftung 79–85
Verhornungen der Zehen 17
Verschluckte Fremdkörper
 33
Verstopfung 53
Verwaiste Küken
 Aufwärmen 45, *47*
 Aufzucht 76–79, *78*
Vitamin D 17
Voliere *13*, *15*, 16–20
Volierennetz *22*, 24

Wildvögel
 Einfangen 25
 Unterernährt 86–87
Wunden 28, **32**, 38, 89–90,
 91

Zittern, **32, 54,** 85
Zucken **54, 80, 83**
Zwangsfütterung 42

DANKSAGUNG

Ich danke meiner Frau Jan und meinen Kindern Melanie, Samantha, Damien und Edwina für ihre geduldige Unterstützung meiner Arbeit.

Mein besonderer Dank gilt meinem Vater Eric, der mir bei der Planung, den Recherchen und beim Korrekturlesen geholfen hat, und meiner Schwester Judy Shields, die es auf sich genommen hat, meine Notizen zu entziffern und abzutippen.

Außerdem danke ich meinem Partner Dr. David Lonergan und den Mitarbeitern des Gordon Veterinary Hospital – Dr. Andrew Morgan, Dr. Sue McMillan und den Pflegerinnen Jenifer Reber, Kim Tupper und Diane Spalding –, die mich bestens unterstützt und beraten haben.

Schließlich danke ich auch Joe und Val Picone, die mir freundlicherweise erlaubt haben, in ihren Ryde-Volieren zu fotografieren.

TIM HAWCROFT